初心者でも**超**わかる！

渓流(けいりゅう)づりの教科書(きょうかしょ)

監修／上田 歩
土屋書店編集部／編

土屋書店

はじめに

　もしも、都会の喧騒や煩わしさなどから解放されたくて、
渓流づりをマスターしたいと思っているのなら、
里川でのつりは、君を満足させてくれるフィールドではないかもしれない。
　里川でつりをしていると、農作業を終えたばかりのオバさんが
対岸をのんびり歩いてきたかと思うと、おもむろに野菜を洗いはじめたりする。
　かと思えば、どこからか大きな声で、「おーいっ」と呼ぶ声。
振り返えれば、いかにもおせっかいそうな顔が「ちゃんと、つり券買ったのかー」、と
笑いながら話かけてくる。こっちも一応愛想を使って笑顔でつり券を見せたりしたら、もう大変。
ヘタをすると縁側でのお茶に呼ばれたりしてしまう。
　そう、つまり里川では孤独なんてどこへやら。ときには、今日はつりにはならなかったなぁ。
なんて日もあったりする。
　本書では、里川をメインフィールドにして、渓流魚のつりを解説している。
ある程度マスターできたなら、さらなる上流を目指すのもよし。
それこそ、自分と対峙するために、とことん孤独になろうとするのもかまわない。
そして、むしろそれが都会人の宿命なのかもしれない。
しかし、ボクは人の温もりを感じながら、ヤマメやイワナがつれるこの里川というフィールドが、
大好きで、いとおしくてたまらないのである。

　　　　　　　　　　監修者　上田 歩

CONTENTS

初心者でも超わかる！渓流づりの教科書

はじめに……2

PART1　渓流づりの世界……5

渓流づりとは？……6　　渓流のエリア……8　　里川ってこんなところだよ！……10

里川の四季……12　　流れにある各部の名称……14

対象魚のヤマメ、イワナ、ニジマスについて知ろう！……16

　　ヤマメ……16　　ヤマメのつり暦……18

　　イワナ……20　　イワナのつり暦……22　　ニジマス……24

里川づりのルール＆マナー……26

PART2　渓流づりの3大釣法……27

どんなつりをしたいか？決めよう……28

エサづりとは？……30　　エサづりの道具とスタイル……32

ルアーフィッシングとは？……34　　ルアーフィッシングの道具とスタイル……36

フライフィッシングとは？……38　　フライフィッシングの道具とスタイル……40

渡渉についての注意!!……42

PART3　3大釣法、それぞれの基本をマスター……43

つりをはじめる前の準備と知っておくこと……44

ミャクづりの基礎技術……44

　　エサの種類……46　　エサのつけ方……47　　サオの扱い方……48

　　送りこみ……48　　たすき送りこみ……49

　　水平振りこみ……50　　回転振りこみ（小回し）……51

ルアーフィッシングの基礎技術……52

　　リールについて……53　　ルアーについて……56

　　ルアーキャスティング……58

　　オーバーヘッドキャスト……58　　サイドハンドキャスト……60

フライフィッシングの基礎技術……62

　　フライについて……64　　フライキャスティングについて……66

CONTENTS

PART4 管理つり場へ行こう……… 71

管理つり場ってこんなところ……… 72
  なぜ、管理つり場なのか?……… 74　ミャクづり徹底マスター……… 75
  仕かけの投入方法……… 76　自然に流すということ……… 78
  管理つり場の代表的なポイント"落ち込み"……… 79
  アタリとアワセについて……… 80　仕かけの流し終わり……… 82
  取りこみについて……… 83
ルアーフィッシングの徹底マスター……… 84　ダウンストリームでの注意点……… 86
  アクションのパターン(誘い方)……… 87　アワセ……… 88　取りこみ……… 89
フライフィッシング徹底マスター……… 90
  ドラッグフリーを可能にするテクニック①……… 91
  ドラッグフリーを可能にするテクニック②……… 92
  ドラッグフリーを可能にするテクニック③……… 93
  ニンフのつり……… 94　ウエットフライのつり……… 96

PART5 いざ、里川へヤマメ、イワナに会いに行こう……… 97

ポイントについて知ろう……… 98　流れにラインを思い描いてみる……… 100
エサの集まる流れ……… 101
魚の集まるところ……… 102　里川でチェックしたい6つのポイント……… 104
  堰堤(大)……… 104　堰堤(小)……… 106　段々瀬……… 107　平瀬……… 108
  フライのコツ……… 110　釣法によって変わるライン……… 111
  淵……… 112　落ちこみ……… 114　ヤマメと岩魚の補食パターン……… 116
必ず出会う、大物をつるための㊙テクニック……… 118
  ルアーフィッシング……… 118　フライフィッシング……… 120
  ミャクづり……… 121　ミャクづり、ルアー、フライ……… 122
キャッチ&リリース=放すこと。キャッチ&ストマック=殺すこと……… 123
○危険な動植物たち……… 124
○つり用語集……… 125

PART1

渓流づりの世界

渓流づりとは？

ほとんどの川は山奥に源流をもち、下るにつれて多くの支流を合流させながら川幅を広げ、やがては海へと流れこむ。大河になるほどこの距離は長く、例えば、日本を代表する利根川、石狩川、信濃川などは、いずれも300kmをこえる長さである。

川は、下る場所によって呼び名も変わる。上流部の山間では渓流、それから下流にいくにしたがって清流（中流）、下流、河口となる。渓流づりとは、上流の渓流域で行うつりのことで、対象魚は、ヤマメ（アマゴ）やイワナ、それに各地で移植放流されたニジマスである。

PART 1　渓流づりの世界

■渓流のエリア

　実際に渓流といっても、その様相はさまざまである。一般に山間の渓谷を流れているのが渓流といい、川幅は数mしかなく、水深も流心で1mくらいである。ここからさらに上を目指すと源流帯となり、当然かなり激しい落差になるため、沢登りにも熟練していないと「つり」はできない。

　その一方で今度は川を下ると、逆に山村の間を流れるといったのどかな風景へと変わる。このエリアは"里川"と呼ばれ、川幅は広く開けているので、歩きやすいのが特徴である。そしてそこからさらに下ると、本流と呼ばれる河川と合流することとなる。

本流

ここで注目してほしいのが"里川"と呼ばれるエリア。もちろん、他のエリアと分け隔てなくヤマメやイワナは生息している。もう、わかったよね？ つまり、この里川こそ、初心者がヤマメやイワナと会える絶好のフィールドなのだ。おまけに渓流づりの特別な装備も必要最低限に抑えられることも、初心者には嬉しいポイントだ。

PART 1　渓流づりの世界

里川ってこんなところだよ！

　里川が初心者向きであることをさらにくわしく解説しよう。山村などを流れているのは前述したとおりだが、それ以外の大きな特徴といえば、かなり人の手が加えられていることにある。理由は灌漑のための水を確保するためで、堰堤や護岸などが多く存在する。
　この人の手による影響が、初心者には真に吉となっている。それはアプローチが簡単であること。このアプローチには２つの意味があり、ひとつはつり場まで比較的楽に出かけられ、川原に容易に下りられて移動もしやすいこと。つまり、余計なことに気をとられることなく、つりに集中できるという点。もうひとつは、それぞれのつり場に対応しやすいこと。本来は場所が変わるとつり方にも工夫がいるが、里川にいたっては、その様相は場所が変わってもあまり変化しないため、経験値の少ない初心者でも十分な対応ができる点である。

　里川は人の生活圏内でもあるため、注意しなければならないこともある。そのひとつが車の駐車場所。地元の人の迷惑にならない場所を選ぶのは当然で、田畑のあぜ道に脱輪させたりしないなど、十分注意しよう。

里川の良いところベスト5プラス1！

① 移動がラク
② 危険が少ないから安心して集中できる
③ 少ない装備（出費）で始められる
④ バックスペースがあるからフライフィッシング向き
⑤ ポイントを決めやすい

さらに村営の漁協による放流事業が盛んであれば、魚影が濃いことはまちがいなし！

PART 1　渓流づりの世界

里川の四季

　渓流にすむ魚たちには、資源保護の目的のために禁漁期間がある。この期間中につりはできないことになっており、それは里川でも同じである。

　もしも破ることがあれば、厳しく罰せられることを肝に命じておくこと。この期間は各県や漁業組合によっても変わるので、必ず釣行前に確認しておこう。

| 3月 | 寒い雪国の一部の川をのぞいて、ほとんどの河川が解禁になる。まだ水温も低いので、イワナやヤマメは深場にひそみ、大きな石裏のえぐれなどでエサが流れてくるのをまっている。魚体にはきびしい越冬のなごりで、サビが残っていたりする。 |

| 4月 | ヤマブキヤマメのシーズンにはいり、自然がよみがえってくるとともに魚体のサビもなくなり、魚たちは深場からでてきて、瀬を活発に泳ぐようになる。いよいよ渓流づりのシーズン開幕。 |

5月	あたたかい地方では、カワムシ類の羽化がはじまり、フライフィッシングでも容易につれだし始める。
6月	梅雨にはいり、曇天が続くときは、エサづりやルアーフィッシングの独断場となりやすい。
7月	暑さのためか、日中よりも朝・夕のマズメ時にチャンスがある。
8月	7月とおなじだが、どこの川も場荒れがひどくなりやすい。
9月	木の葉ヤマメ、イワナのシーズンで産卵にそなえ荒食いを始める。
10月	9月と同じ。場所によっては、禁漁期に入るところもある。

11月	禁漁期に入り、渓流づりのシーズンは終わりになる。名残惜しい季節でもある。
12月	イワナもヤマメも深場に落ちて、越冬に入る。
1月	禁漁期。ヤマメは水温の高い下流へ移動しているが、イワナは同じ水域で、少しでも水温が高い涌き水などを探して越冬する。
2月	まだ禁漁期のところがほとんどだが、暖かい地方の一部の河川では、解禁されるところもあるが、基本的にはまだシーズン前。

流れにある各部の名称

里川を流れる水は、小さな滝となって落ちたり巻きかえしたりしながら、瀬や淵を形成しながら続いていく。そのような流れは多くの酸素を含み、四季を通じてつねに冷たく澄んでいる。それが魚だけでなく、多くの生物が育まれる大きな一因だ。

それにいくら人の手が入ったといっても、角度を変えて流れを見てみれば、また違った表情が見えてくる。そこで、流れの特徴に対し、それぞれどんな呼び名があるかを知っておく必要がある。

荒瀬
底石が大きく、波も大きい急流の瀬。

①そで　　　滝や落ちこみの両がわにできるうずを巻いた部分。
②サラシ場　落ちこんで白いアワになったところや、大きな石裏でアワ立っているところ。
③流れだし　サラシ場のアワが消えかかった部分で、水色にもどって流れだすところ。
④巻きかえし　大きな石裏や岩かげなどで、流れがうずを巻きながら流れているところ。
⑤瀬がしら　瀬のはじまるところ。
⑥瀬わき　　瀬の両がわで、流れがすこしずつゆるくなりかけたところ。
⑦瀬じり　　瀬のおわりかけ。
⑧淵　　　　岩盤などに流れがぶつかり、底がえぐれて深くなったところ。流れも瀬にくらべゆるくなっている。

PART 1 渓流づりの世界

■対象魚のヤマメ、イワナ、ニジマ

「山女魚」と書き、渓流の女王とも呼ばれている魚で、イワナ、ニジマスと同じようにサケ科の魚である。

ヤマメ、アマゴをいっしょにしてヤマメといっている人もいるが、本来は別の種類である。ただし、形体もひじょうによく似ていて、習性もほとんど同じなので、渓流づりでは同格に扱われている。北日本系の赤色斑点のないほうをヤマメ、南日本系の赤色の小斑点がちりばめられているほうをアマゴとして分けていたが、現在は移植されたりして、ひとつの川に両類がすんでいるところも少なくない。

スについて知ろう！

　ヤマメの自然分布は、北海道、東北から、関東では神奈川県酒匂川の以北。日本海側では本州、九州のほぼ全域の川で、九州の瀬戸内海側にすんでいなかった。現在はアマゴが川にも放流されているし、鹿児島県の屋久島などにも移植されて繁殖している。ヤマメとイワナの両方がすんでいる川も多くあるが、このときは上流がイワナ、下流がヤマメ、また、枝沢にはイワナ、本流にはヤマメというようにすみわけている。そして、同じ川の地域にすんでいるときは、淵の岩陰など暗いところにイワナ、瀬の明るいところにヤマメがすむということが多い。

　ヤマメの性質は、敏感でどん欲、ずるがしこいところもあり、警戒心が強いなどだが、これは渓流魚全般の特徴で、それだけに生きにくい環境で生活してきたともいえる。

　ふ化後1年で12cmぐらいに育ち、このころエサさえ見れば飛びつくのでよくハリにかかる。2年でやっと15cm、3年で20cm、5年でやっと30cm（成長はすむ川によってかなり変わる）である。ちなみに、産卵はふつう一尾のメスで千粒くらいといわれていて、ウグイなどの1万粒と比べるとはるかに少ない。

ヤマメのつり暦

ヤマメつりは四季の移り変わりとともに、つり方やねらうポイントも変わってくる。

雪しろヤマメ

春の日ざしが日ごとに長くなって雪しろが流れはじめると、魚のエサも同時に流れてくるようになる。しかし、まだエサを追う動きは弱いため、淵や落ち込み、大石の陰などの流れのゆるいところの底近くをたんねんに流して誘うようにする。あまりつり場を移動せず、大きな淵でじっくりねばる方が効果はあるかもしれない。エサはまだカワムシが少ないので、イクラやブドウムシなどがよいだろう。

ヤマブキヤマメ

4月に入って桜の花が咲くころになると、下流にいるヤマメたちは水温の高くなるのに合わせ、早くも瀬わきや瀬、淵じりなどに出てくる。つり人のエサもよく追うようになり、まだ魚もスレていないため、初心者にもつりやすい格好の時期である。さらに水温が上がってくると、浅い瀬などのちょっとした流れの変化にもつくので、河原を歩くときは、常に注意して行動しなければならない。

夏ヤマメ

　このころになると、ヤマメは体力も回復しきって初期のころよりもはるかに敏しょうに泳ぐようになる。また解禁以来つり人に追われているので警戒心も強くなり、かんたんにはつれなくなるだろう。エサはカワムシ主体で、不自然なエサや動きには見向きもしなくなる。雨が降った際の濁りの影響で思いがけない大づりをすることもあるが、夏ヤマメは一里一尾といわれるほど、難しいものなのだ。

木の葉ヤマメ

　残暑が厳しく台風のニュースが多くても、里川はもう秋である。ススキが穂を出して風にゆれだすと、産卵をひかえたヤマメは荒食いするため、つり人にとっては、まさに最後の好シーズンだ。ポイントも浅い瀬で大ものにハリスを切られたかと思うと、淵から小ものがとびだしたりする。とくに台風の通過したあとや雨の降ったときのささ濁りは水温が下がるので、ヤマメは活発にエサをあさる。

シーズンの終わりには前年にふ化した12㎝ぐらいの稚魚がよくハリにかかるよ。できれば、来年以降の成長を楽しみにリリースしてあげよう。

PART1　渓流づりの世界

イワナ

　「岩魚」と書き、渓流のもっとも上流にすむ。ヤマメが渓流の女王と呼ばれることを考えれば、イワナはさしずめ渓流の王者といったところだろう。
　性質もヤマメにくらべると陰気で、暗い物陰に潜んでいることが多く、ヤマメのように、河原の明るい開けたようなところにはでてこない。警戒心の強さもヤマメ以上で、どんな小さな異常も見のがさず、深い岩陰などにすぐ入ってしまう。その反面、食性は旺盛で、カワムシや水面をとぶ昆虫類などをどん欲なまでに食い続けるところがある。

わが国にすむイワナには、ヤマトイワナ型、ニッコウイワナ型、ゴギ型に分類され、そのイワナの仲間には、エゾイワナ（アメマス）やカラフトイワナ（オショロコマ）、ミヤベイワナがいる。

イワナの体色はすむ渓流によって微妙に違う。実際、同じ種類のイワナでも白っぽかったり、黒っぽかったりする。イワナはヤマメに比べると細長い感じだが、これは石や岩のすき間にかくれるのに都合がいいからか…。顔つきもヤマメよりもどう猛で、見方によっては魚よりも山のケモノという感がある。

また、イワナは最上流の魚なので、広いところにはいないような感じをうけるが、山上湖などにもすんでいる。渓流にすむイワナは30〜40cmぐらいまでに育つが、これが湖になると50cmをこえるものや、ときには80cmになる大物もいる。産卵は10〜11月で、地域により差があるが、おもに沢のゆるい流れの砂利底に穴をつくって行う。池や沼にすむものは、そこへそそぐ川をさかのぼり、ふさわしところを見つけて産卵する。

イワナのつり暦

イワナは渓流にすむ魚のなかでは、もっとも厳しい生き方をしているといえるだろう。最上流になると、エサになるものは少なく、しかも、冬は長いという最悪の条件が続くからである。

冬のイワナ

産卵の終わったイワナは体力を使いはたし、数日は産卵場所の近くの石や岩の下に潜んでいるが、やがておとずれる冬にそなえ、深い淵のエゴなどに越冬場所を求めて移動する。イワナはヤマメと違い、どんなに水温が下がっても、水温の高い下流へ移動はせず、上流部で一生を終わる魚である。雪が降り、やがて根雪になるころには、イワナは枯れ葉の下にもぐったりして、冬の過ぎるのを待つ。

春のイワナ

少しずつ陽が伸びてくると、雪は融けて水量も増えはじめる。やがて、雪代が大量に流れるようになると、水に洗われた地表から昆虫のサナギなどイワナのエサになるものもいっしょに流れ込んでくる。イワナも長い冬眠からやっと目覚め、身近に流れてくるエサをとって、衰えた体力の回復をはかる。しかし動きはにぶく、水温が少しでも下がると、すぐに口を使わなくなってしまうのである。

夏のイワナ

　うっとうしい梅雨もすぎて初夏を迎えると、カワムシ類も羽化してイワナの生活しやすい環境になる。深場から出て浅場の瀬や落ち込みに潜み、流れてくるエサや空中の昆虫などを活発に食い、よく太ったイワナがつれる最盛期となる。ひとしきりつれさかった後、8月に入るとイワナは一時、食いが悪くなる。これは自然のエサが十分にあるためで、とくに日中はつれにくくなるが、雨後にはチャンスも。

秋のイワナ

　里に冷たい秋風が吹くと、産卵にそなえて体力をつけようとするイワナは、いっせいに浅い瀬にでて、エサを荒食いするようになる。これはイワナつりシーズンの最後のチャンスで、エサつり、擬似エサともに楽しめるときである。やがて山に雪のたよりが聞かれるようになると、イワナのシーズンも終わりである。早いところで9月の中旬、遅いところでも10月の中旬には、保護のため禁漁期間に入る。

PART 1　渓流づりの世界

　「虹鱒」という字があてはめられているくらい、成魚は魚体の横に紅や青紫色が空にかかる虹のように美しく現れる。原産地はアメリカのロッキー山脈で、日本には明治10年に初めて移入されて以来、全国各地で養殖放流されるようになった。

　産卵は12月ごろからはじまり、おそいところでも翌年の3月ごろには終わる。15cmぐらいに育つまでは、ヤマメの稚魚とよく似ていて間違われやすいが、よく見ると顔つきはヤマメより口先が丸く、やさしい感じだ。また、背ビレにニジマスは必ず黒い斑点がある。

つり期とつり場

　自然渓流では、ヤマメやイワナと同じく、春から秋までの解禁期間がニジマスのつり期になる。各都道府県、また同じ県でも漁業組合によっては解禁日が異なるので、出漁前には地元の漁業組合などによく確かめるようにすること。

　管理つり場には、自然の渓流へ魚を放流してシーズン中つらせるところと、囲いをつくった中へ放流してつらせる常設つり場の2つがある。

　常設つり場は、その日の入漁者の数をみて、1日2回ぐらい放流しており、尾数制限しているところと、つり放題のところがあるので、こちらも事前に確認しておくとよいだろう。ある自然の渓流へ放流するつり場の例だが、秋ごろ稚魚を放流するほかに、解禁直前にさらにもう1回放流している。年間を通してこの2回しか放流しないので、このつり場ではニジマスがつり上げられていくと次第に数が減っていくのはいたしかたないことだろう。

PART 1　渓流づりの世界

里川づりのルール&マナー

　里川といえども渓流の一部にかわりはなく、そこはほぼ地元の漁協が管理していると考えていい。つまり資源保護のため、いろいろなルール（規則）が決められているのだ。主な規則には「入漁料の設定金額」、「魚の体長制限」、「リリース区間や禁漁区の有無」など。密漁者にならないためにも、釣行前に確認しておくことが大切。知らなかったではすまされないのである。また、以下のマナーについても必ず守ろう。

ゴミは必ず持ち帰る

これはつりをする、しないにかかわらず、人としてのモラルの問題である。

先行者がいるとき

先行者を追いぬくことはルール違反。必ず、一声かけるようにしよう。

立ち入れる場所かどうか…

里川へ続く道は、そのまま人家へと続いていたりする。また柵などもあるため、必ず一声かけて確認しよう。

つった魚を持ち帰るとき

つった魚を持ち帰るときは、なるべくその日に家族が食べる分だけにしておこう。

PART2

渓流づりの3大釣法

■どんなつりをしたいか？　決めよう

　さて、フィールドとなる里川の良さをわかってもらえたら、次はつり方である。"山深い渓谷に入ってそこにすむ魚をつる"といった今までの渓流づりと違うことは前述したとおり。「いかにしてヤマメやイワナをつるか」というメインテーマにおいては、エサ（ミャク）づり、ルアーフィッシング、フライフィッシングの3つをぜひ勧めたい。

　どのつり方を選ぶかは、とりあえず自分に合いそうなもの（性格やラフスタイルなど）から決めよう。なぜなら、それぞれに一長一短があるからだ。また、マスターする難易度では、かつて自転車に乗るのを会得したときよりは、どれも簡単なことをつけ加えておく。

■エサ（ミャク）づり

長所

①生きエサを使うため、他のつり方よりも魚が口を使いやすい。
②道具が比較的安価である。
③古くからある釣法。

短所

①エサのミミズやカワムシなどを生きたままハリにかけなければならない。
②使用頻度のもっとも高いカワムシは、現地調達しなければならない。
③他に比べるとスタイリッシュ感は劣る。

■ルアーフィッシング

長所
①エサがいらない。
②他のつりに比べて準備が楽で、とても気軽にはじめられる。
③道具やアイテムなど、ファッション性にあふれている。

短所
①ルアーを根がかりなどで無くしやすい。
②難易度は、エサづりとほぼ同じくらい。

■フライフィッシング

長所
①エサがいらない。
②一度道具を揃えてしまえば、補充品はあまりかからない。
③一匹の魚をつるおもしろさ（ゲーム性）が非常に高い。

短所
①他のつりに比べて難易度が若干高い。
②はじめる際の出費が他に比べて若干かかる。
③つりをシンプルに楽しみたい人には不向き。

PART2　渓流づりの3大釣法

■エサづりとは？

　エサづりは、魚の食性(好物)に合わせたエサをハリに付け、それを食わせてハリにかけるつりで、もっとも古くから行われているつりの原形である。

　渓流を含む淡水域のエサによる主な釣法には、ウキづりやミャクづり、投げこみづりの他に穴づりやシモリづりなどがある。その5つの釣法を対象魚のすむ環境や使うエサによって選び分けるのだが、ヤマメやイワナは速くてより複雑な流れにすんでいるため、それに適したミャクづりがメインになるが、まずは基本のウキづりでエサづりを解説しよう。

エサづりの全体図はこんな感じ！

エサ(仕かけ)を上流側に投入したらスタート。後は流れていくエサを追いかけるようにサオを移動する仕かけに合わせて操作するのみ。

魚のいる流れの筋。つまりここがポイントになる。

仕かけが流れにのると、エサはより自然に流れてくれる。これはとても重要。なぜなら自然に流れていないエサには、魚は口を使わないからだ。

■ウキの役目について知ろう！

魚のアタリ（エサに食いついた瞬間）を明確につり人に伝えてくれる。

仕かけを流れにのせて運ぶだけでなく、タナ（魚のいる層）にエサを保持してくれる。

■ウキの決め手は、必ず先行させて流すこと！

仕かけを上流側に投入すれば、後はウキまかせ。つまり、余計な操作さえしなければ、自然にエサは流れる。

エサを先行させようとすると、サオであれこれと操作が必要となり、水中のエサは不自然な動きをしてしまう。

■ウキにでる魚のアタリ

わずかな動きの後、一気に消しこんだりするとき

流れているウキが止まったり、小さく沈んだりしたとき

ほとんどは若魚のアタリ。何のためらいもなく食ってくるため、初心者でもアワセやすい。

意外にも大物のアタリに多いウキの反応。大物は警戒心も強く賢いためか、一気に引きこむことはほとんどない。

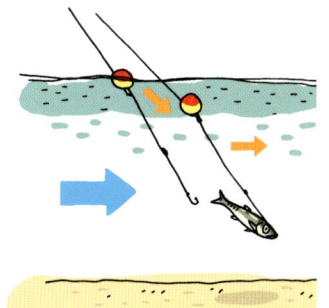
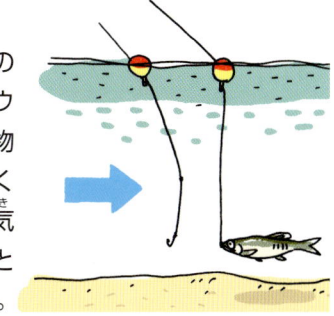

PART2　渓流づりの3大釣法

■エサづりの道具とスタイル

　一見すると、細々とした道具が多くて、最初はちょっと面倒に思うかもしれない。しかし、それらは別々の用途があるのではなく、"仕かけ"といって一体化させて使われるので、そうは心配いらない。また同時に、ひとつひとつはとても安価なうえ、一般的な釣具店なら入手可能な物ばかりである。
　スタイルについては、今回はエリアを里川に限定しているので、他の2つのつりとそんなには変わるものではなく、それぞれのつりで紹介するスタイルを参考にしてほしい。

キャップ
ウエストクリール
エサ入れ
ウエーダー
手網（引きぬきタモ）

レインギア
釣行時に晴れていても持ち歩くのが無難。防寒対策にもなる。

仕かけに必要な小物類

- ウキ
- 道糸
- 目印
- ユニットケース
- 完成仕かけ
- オモリ入れ
- ヨリモドシ
- オモリ

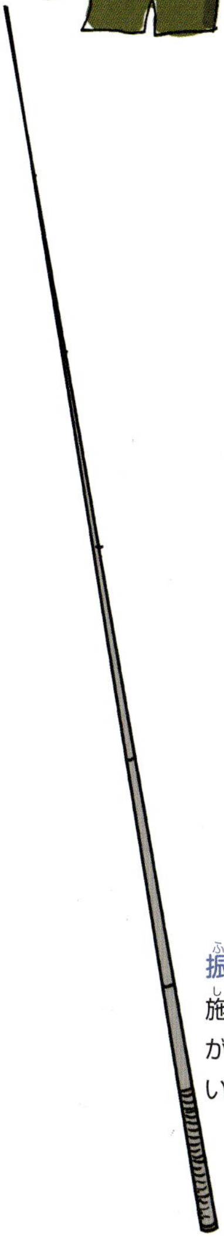

ハサミ
仕かけを作るのに必需品。

ハリはずし

ハリをうまく外すことは、魚へのダメージを最小限に止められる。

振りだしザオ
施設によってはレンタルが可能なため、事前に問い合わせておこう。

エサ入れ

特に生きエサの場合、活きの良さを保つために用意しよう。

布ビク

つった魚を生かしておくための物。底が金属製のタイプもある。

PART2 渓流づりの3大釣法

■ルアーフィッシングとは？

　ルアーを直訳すると"誘惑する"という意味になる。ルアーを"疑似餌"と解釈するのはまちがいなのかもしれない。なぜなら、その種類の多くがエサとは似ても似つかないものばかりだからである。実はここに、このつりのおもしろさがある。

　不思議な形をした物体を使って、いかに魚を誘って口を使わせるか!?　エサづりの場合、仕かけが流れにのれば、後はアタリに全神経を集中させとけばいいが、ルアーはそうはいかない。誘うためには、常にアクティブに攻め続けなければならないのである。

ルアーフィッシングの基本動作

投げる　　　　　　　引く（誘う）

投げて引く（誘う）の2つだけ。シンプルなだけにゲーム性のとても高いつりなのである。

■ヤマメやイワナに効果絶大な3大ルアー

①スプーン

　ルアーの起源ともいわれているスプーン。金属片から生るこのシンプルなボディは、実は対象魚を選ばないほどパワーバランスに満ちている。アクション（動き）に作用するのは、形状よりもむしろボディのカーブにある。

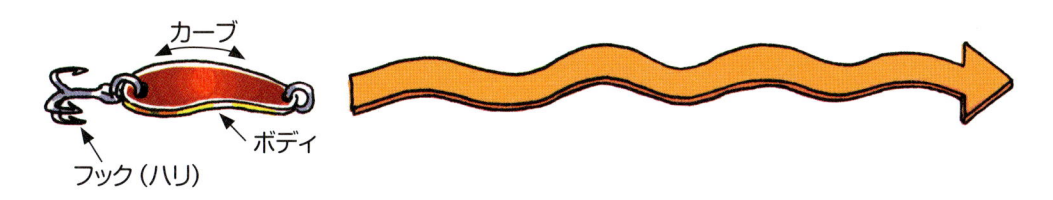

②スピナー

　引いてくると、ボディを中心にブレイドが回転することによって魚を誘う。初心者向きといわれる由縁には、小型で、しかも簡単に使えるというだけではなく、他にはまねのできない魚へのアピール度の高さにある。

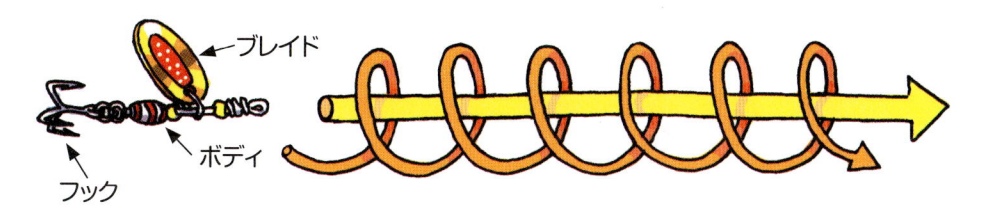

③ミノープラグ

　ミノーとは小魚のことであり、見ればわかるとおりこのルアーは魚の形をしている。ミノーだけでなく、プラグにリップのあるタイプは、ここに水の抵抗を受けることによって、潜ったり、アクションの内容が決まる。

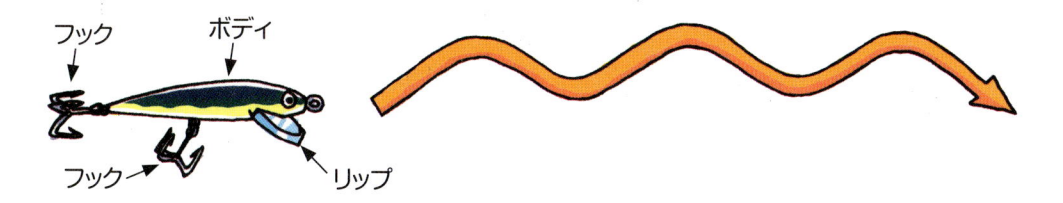

PART2 渓流づりの3大釣法

■ルアーフィッシングの道具とスタイル

　3大釣法のなかで、道具が一番少なくてすむのがこのつり。基本的にはロッド（サオ）とリールとライン（イト）とルアーさえあれば成立してしまう。だからその分、ルアーには多少の出費はしてほしい。なぜなら刻一刻と変わる自然環境や、気まぐれと思える魚の食性の変化に対応するには、やはりある程度の数は必要になるからだ。

　スタイルについては、できればウエーダーは用意したい。これはいわゆる防水型ズボンのことで、腰までのタイプと胸までのタイプがある。

ウエーダー

ランディングネット

ウエーダーをはいている場合とそうでない場合とでは、はっきりいって行動範囲が変わってくる。つまり、釣果に差がでてしまうのである。

ライフジャケット
（自己責任で用意）
これは小物入れがセットになっているタイプ。

キャップ
熱中症予防のためだけでなく、キャスト時のアクシデントから頭を守ってくれる。

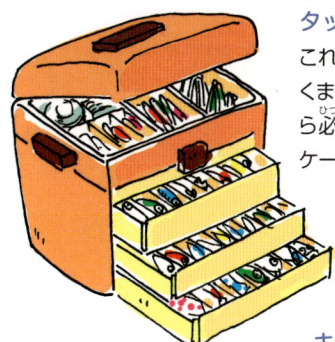

タックルボックス
これは持ち運こぶものではなく、あくまでも収納するための物。ここから必要なルアーを選んで、ルアーケースに入れる。

キーバックチェーン
アクティブに行動するには、あるととても便利なもの。ラインカッターなどの小物類も紛失せず安心。

メジャー
ルアーフィッシングはゲームフィッシングでもある。つった魚の大きさがこのつりのトロフィ。

ウエストバッグ
両手をあけておくために必要。サイズは大きいタイプを選ぶ。

ランディングネット
対象魚によっては必要になる。このタイプは渓流用。

ルアーケース
これがないとハリはむき出しになって危険。

ラインカッター
いろいろなタイプがあるが、爪切りタイプが使いやすい。

ユニットケース
シンカー、予備のハリ、スナップ等、ルアーフィッシングにも様々な小物がある。

フックシャープナー
ハリを研ぐための物。

フィールドプライヤー
安全かつ丁寧にハリを外すために必需品。

偏光グラス
これがあるのとないのとでは、釣果にかなりの差がでる。水中や水面直下の様子が手に取るようにわかるからだ。

37

フライフィッシングとは?

このつりが難しいか難しくないか? その返答には困っても、このつりはおもしろいか? の質問には即座に答えることができる。ズバリ、おもしろいのである。

フライフィッシングを始めようかどうか躊躇している人がいるとしたら、それは他のつりよりも道具が高価だからかもしれない。

しかし、今ではスターターキット(昔は粗悪な物もあった)という安価なセット商品がある。

■フライについて知っておこう

　単純にいえば、フライとは毛バリのことである。自分で巻いて作ることもできるが、その世界はプロもいるほど奥が深いため、まずはショップで買い求めて始めるようにしよう。

　ヤマメやイワナはエサづりでもふれたが、カワムシをメインに捕食している。ただし幼虫だけでなく、成虫も捕食する。エサづりは幼虫だけを使うが、フライフィッシングの毛バリには幼虫にも成虫にも模したパターンがある。つまり、水に浮くタイプと沈むタイプの2つに大きく分けるられる。

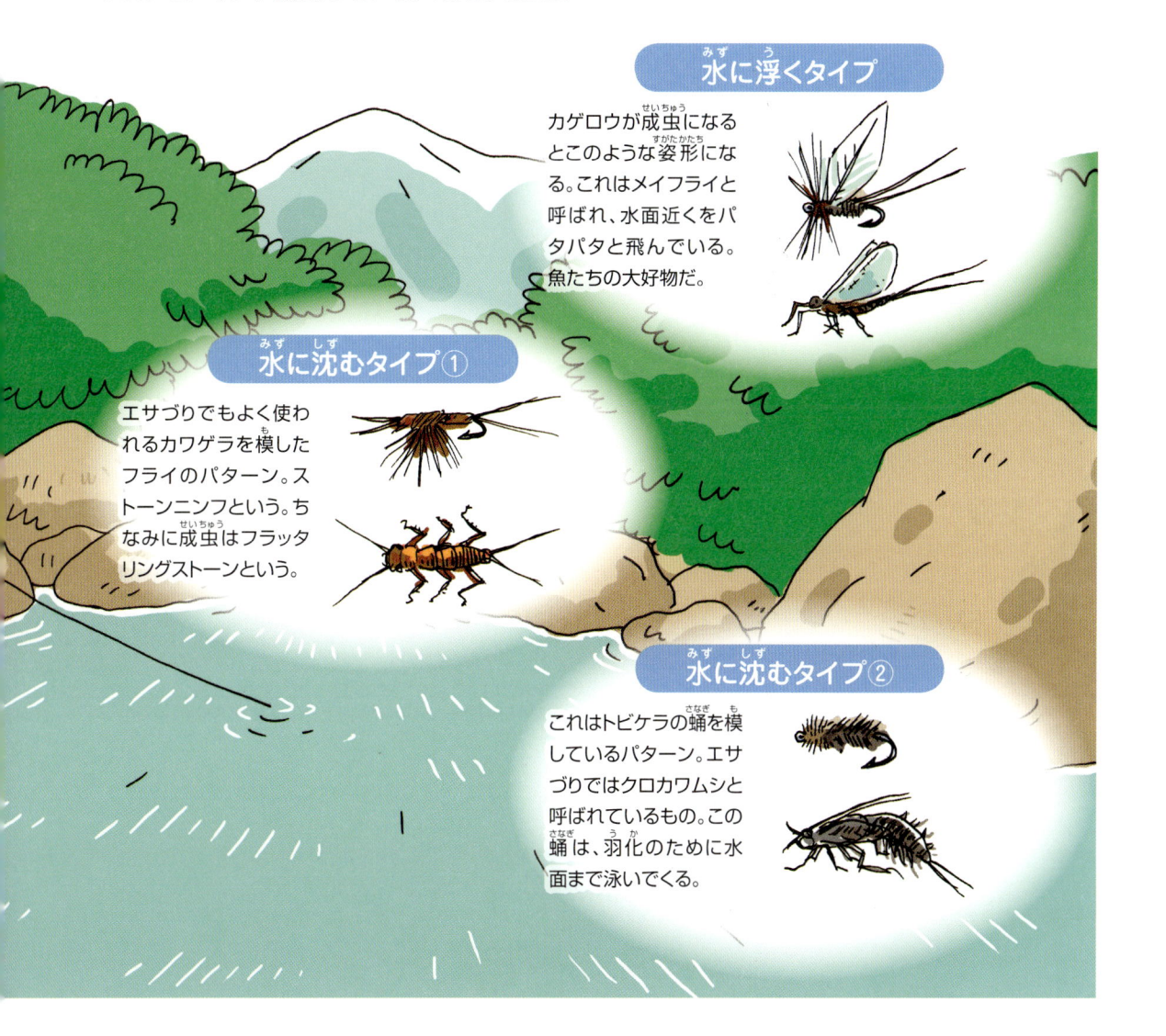

水に浮くタイプ

カゲロウが成虫になるとこのような姿形になる。これはメイフライと呼ばれ、水面近くをパタパタと飛んでいる。魚たちの大好物だ。

水に沈むタイプ①

エサづりでもよく使われるカワゲラを模したフライのパターン。ストーンニンフという。ちなみに成虫はフラッタリングストーンという。

水に沈むタイプ②

これはトビケラの蛹を模しているパターン。エサづりではクロカワムシと呼ばれているもの。この蛹は、羽化のために水面まで泳いでくる。

PART2　渓流づりの3大釣法

■フライフィッシングの道具とスタイル

　例えば、多少はつりをかじったことのある人なら、大まかにならルアーフィッシングのことはつかめるかもしれない。しかし、これがフライフィッシングとなると、そうは簡単にいかないだろう。その原因のひとつは道具の特殊性にある。

　そこで、前述したとおり、まずはスターターキットからはじめることを勧めたい。これにはその道具にあたるロッド、リール、バッキングライン、フライライン、リーダー、ティペットの他に、フライも何点か付いてくるため、初心者にはとても強い味方なのだ。

- キャップ
- 偏光グラス
- フィッシングベスト
- クリッパー
- フォーセップ
- ウエーダー
- ランディングネット

●スターターキット

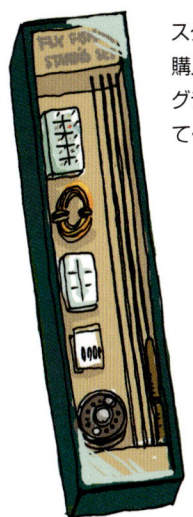

スターターキットのパッケージ。購入後、フライリールにバッキングラインとフライラインを巻いてくれるショップもある。

●スターターキットのメイン付属品(ふぞくひん)

フライロッド
2本つなぎ、3本つなぎなどがあり、これはパックロッドとも呼ばれる持ち運びに便利な4本つなぎ。

フライ各種
できれば、スターターキットにフライがセットされているものを選びたい。

フライリール
フライフィッシング専用のリール。特徴(とくちょう)的なボディは軽量化のためのもの。

フライライン
イトいうには太く、ダクロンの編みイトをPVC(ポリ塩化ビニール)でコーティングしたもの。この重さを利用してフライを投げる。

リーダー
フライラインの先に結ぶ。キャストのために、これも形状はテーパーになっている。

インジケーターとシンカー
ニンフフライ(水中に沈むタイプ)で使うもの。エサづりでのウキやオモリと同じ働きをする。

●スターターキットのサブ付属品(ふぞくひん)

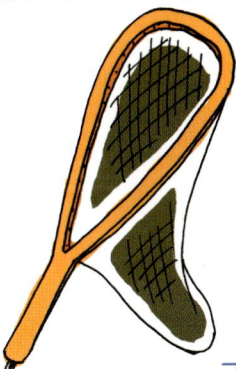

リリースネット
魚を再びリリースするとき、魚体へのダメージを最小限に抑えられるよう、編みは細かくて柔らかな素材になっている。

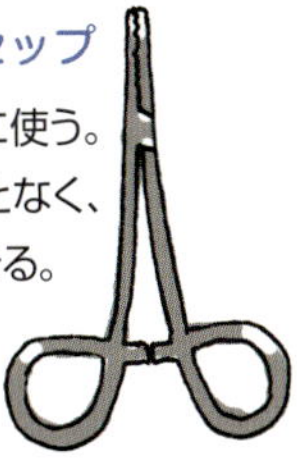

フォーセップ
魚をリリース(放す)ときに使う。魚体にほとんどさわることなく、フライをはずすことができる。

ドレッシング各種
ドライフライの浮力を保つための撥水剤。オイルタイプや粉末(ふんまつ)タイプなどがある。

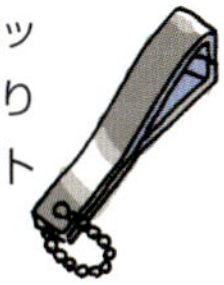

ラインクリッパー
つりイト専用のカッター。これは爪(つめ)切りタイプで、細いイトでも切りやすい。

フライボックス
フライ専用の収納箱。フライのタイプによって、その作りは異なる。これはドライフライ用。フライはとても繊細(せんさい)なので必要。

フレックスライト
ベストに装着するライト。投光角度(とうこうかくど)を自在に調節できるため、手元などを照らすのに、とても便利。

インジケーター　シンカー

PART2　渓流づりの3大釣法

渡渉についての注意！！

　渡渉とは、川を横切って渡ることをさす。水の力は想像以上なために、この行為はとても危険であることを知っておこう。どうしても渡渉しなければならないときでも、白い泡の立つ荒瀬などでは、せいぜい膝下くらいの深さが限界であり、それ以上はとても危険である。

　また、ウエーダー着用のときは、ベルトをしておかないと転倒時に脇から水が入りこんでしまう恐れがある。一度入りこんでしまうと、もはや自力で起き上がれないため、備えは十分にしておくこと。

流れに対して、斜め下流へ移動するのが渡渉の基本。枝などを支えに利用するときは、必ず下流側へつくこと。

足下は岩から離さないようにスリ足で進む。つま先で石を蹴るように進むと石が転がり不安定になる。

PART3

3大釣法、それぞれの基本をマスター

PART3　3大釣法、それぞれの基本をマスター

■つりをはじめる前の準備と知っておくこと

3大釣法には、それぞれ仕かけの作り方や道具の扱い方、振りこみ（キャスト）など、いろいろな基礎的技術がある。確かに、フィールドでの実践からしかマスターできないものもある。

しかし、つりの世界には、フィールドで魚をつり上げることはもちろんだが、その前に準備したり、必要な知識を得たり、技術的なテクニックを練習したりすることも、また、それにおとらぬおもしろさがある。

ミャクづりの基礎技術

●ミャクづりの仕かけ作り

渓流の流れの速い瀬や動きの激しい落ち込みをねらい、動きのはやい敏感な魚をつるので、ウキづりではつれない。そのためにミャクづりが中心になる。最近ではいろいろな仕かけがセット販売されているが、フィールドの状況で道糸やハリスの長さ、オモリの重さなどが変わるので、市販の仕かけセットはあまり意味がない。自分で作れるようになっておこう。

サオ：渓流ザオ5.2〜6.1m

ハリ：ヤマメバリ5〜7号

オモリ：ガン玉オモリ4〜BB号

手順⑦　外がけ結び

①ハリスで輪を作ったら、ハリの軸を合わせる
②そのまま軸に6〜7回巻きつける
③巻きつけた端を下側にもっていく
④最初に作った輪に通す
⑤両端を引いて締める

結び目はハリの内側にくるようにする

手順⑥　ガン玉のセット

①ハリスの強度を落としたくないときは、ティッシュを使う。
②はさんだら、噛みつぶして留める。

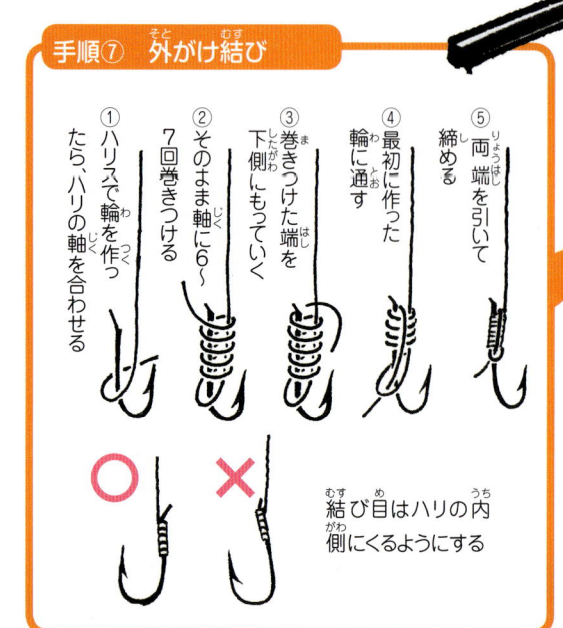

44

事前準備
① ハリとハリスを結ぶ
② 道糸の準備
③ 準備した道糸に目印のセット

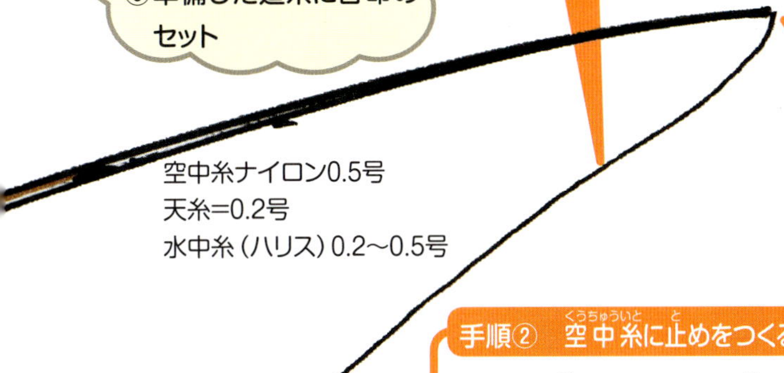

手順④ 空中糸と水中糸の結束
2重チチワを図のようにして、空中糸の奥のコブよりも先へ通してしめる。

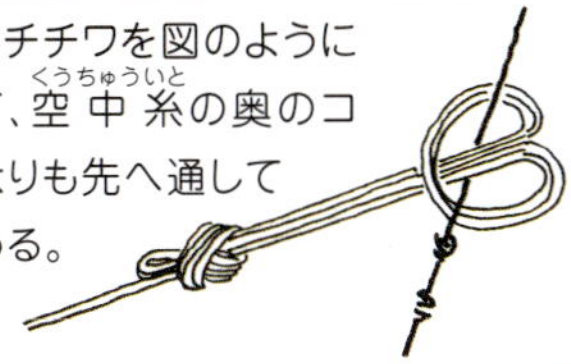

空中糸ナイロン0.5号
天糸＝0.2号
水中糸（ハリス）0.2〜0.5号

手順② 空中糸に止めをつくる
① エイトノットでコブをつくる。
② 1〜2cmの間隔でもう1つコブをつくる。

手順③ 水中糸に2重チチワをつくる
① 水中イトを約8cmの長さで重ね返す。
② さらにもう一度（4cm）重ね返す。
③ 2重の重ね合わせをチチワの要領でくぐらせる。
④ 完成。

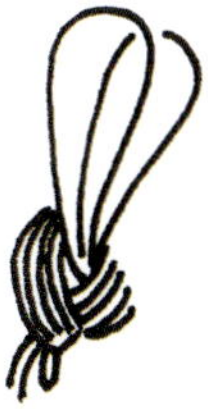

手順① サオ先と道糸の連結
リリアン
① チチワの輪から指を入れ、コブAをつまんで引き入れる。
コブA
② チチワと道糸でできた輪（B）にリリアンを入れる。
小さい輪
③ 道糸をしめていく。
④ 完成図。小さい輪を引くと簡単にほどける。

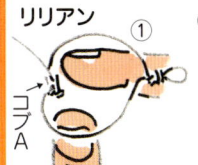

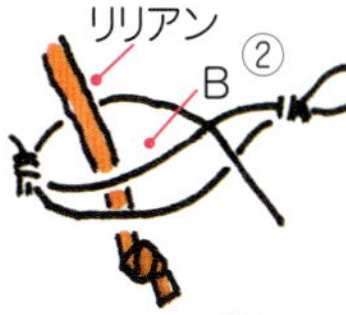

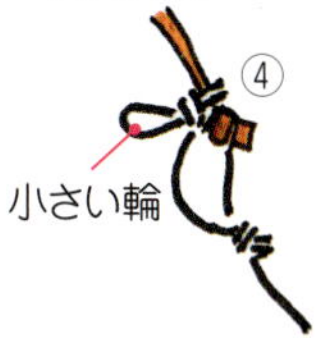

手順⑤ 目印の種類
矢羽根　イト目印　ビニールパイプ

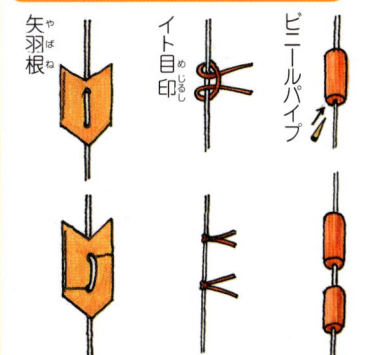

つり場での作業
① 道糸をサオ先にセット
② 道糸の長さをポイントに合わせてカット
③ 道糸とハリスを結ぶ
④ オモリを取りつけ、目印の位置を調節する

PART3　3大釣法、それぞれの基本をマスター

■エサの種類

里川も渓流域と同じで、清流域や平野部の河川に比べて、もともとエサの少ないエリアである。それだけに渓流にすむ魚は警戒心とは裏腹で、エサに対してとてもどん欲である。

とくにイワナの悪食はつり人の間で有名だが、だからといって、いつでもどこでも、何のエサでもよいというわけにはいかないのである。

カゲロウの類一例
- カワカゲロウ
- フタオカゲロウ
- フタハコカゲロウ
- ヒラタカゲロウ
- カゲロウの幼虫

トビケラの類一例
- チャバネヒゲナガカワトビケラ
- オオシマトビケラ
- ヒゲナガカワトビケラ
- トビケラの成虫

カワゲラの類一例
- カワゲラの幼虫
- カワゲラの成虫

イクラ
イクラは管理釣り場や渓流でよく使う

ブドウムシ
黄色でやわらかい虫。
ふくれている。

カワムシの採り方
① 川下側の川底に専用ネットをセットする。
② ネットに向かって上流側から川底の石をはがすように足で"ゴソゴソ"やる。

エサ箱の中に水ゴケなどをいれておく。

石の裏にカワムシがいる。
大きな石は手でひっくり返す。

ミミズ
キジ
ハチマキ（生殖器）
6～12cm

レギュラーサイズをキジ、太いものはドバミミズとして売られ、キジよりもさらに細いサイズも量販店ではそろえられている。

もしも、つりから帰ってエサ箱にミミズが残っていたら、自然繁殖させてみるのもおもしろい。ポリバケツの底に穴をあけて水はけをよくしておき、黒土を入れる。つぎに茶がらをまいて雨や日光に当たらない場所に置いておけばよい。くれぐれも乾燥させないようにすること。

■ エサのつけ方

　エサを用意するとき、事前に準備できるものと、現地調達できるものに分けることができる。事前準備できるエサは常備エサとして、常にイクラとキジ（ミミズ）は用意したい。

　また、カワムシは、とても弱くて脚など取れやすい。渓流の魚は不自然なエサはあまり口にしないので、できるだけていねいに扱い、いためないように気をつけよう。

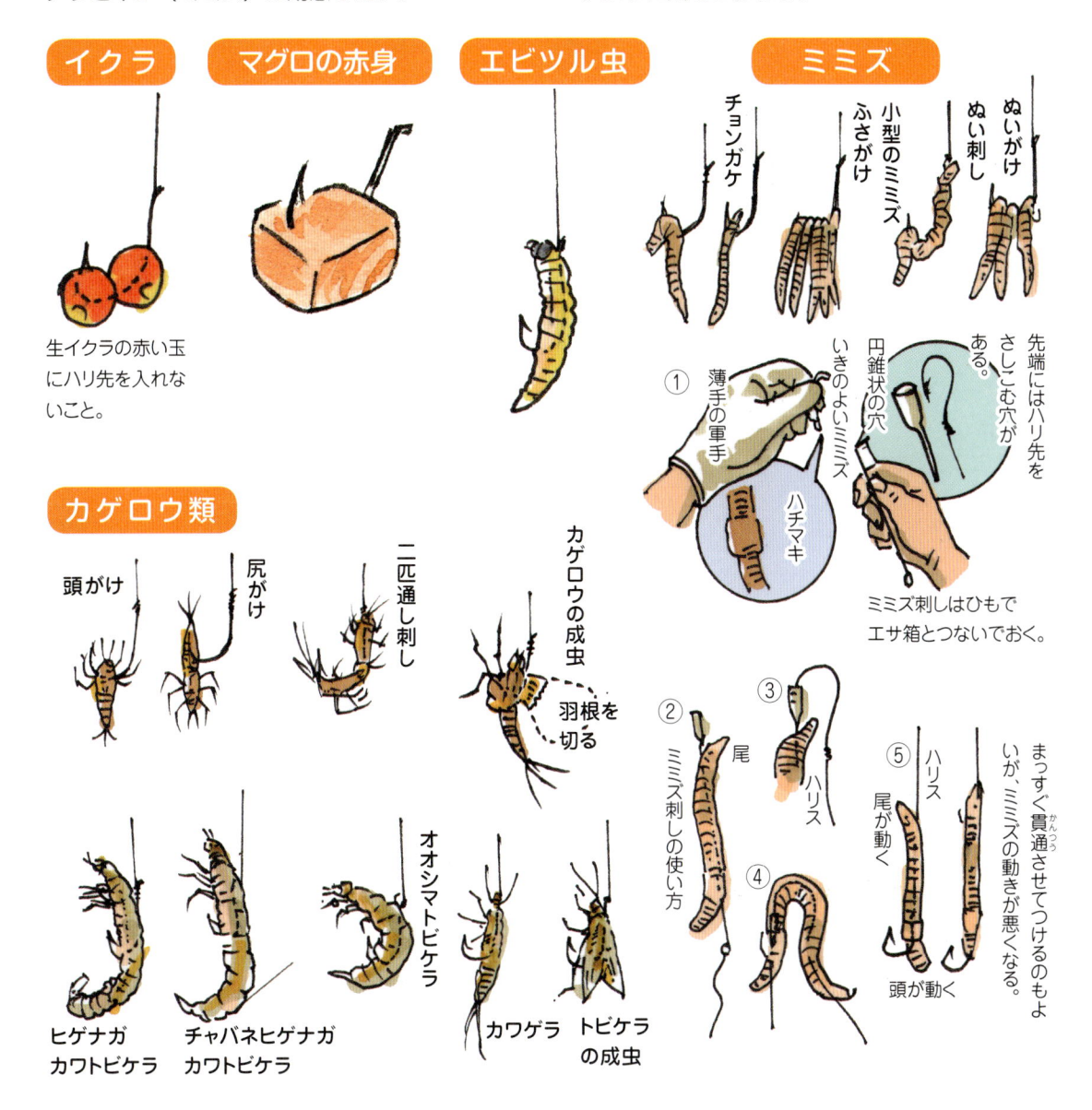

イクラ
生イクラの赤い玉にハリ先を入れないこと。

マグロの赤身

エビツル虫

ミミズ
- チョンガケ
- ふさがけ
- 小型のミミズぬい刺し
- ぬいがけ

先端にはハリ先をさしこむ穴がある。

① 薄手の軍手　いきのよいミミズ　円錐状の穴がある。

ハチマキ

ミミズ刺しはひもでエサ箱とつないでおく。

②③ 尾　ハリス　ミミズ刺しの使い方
④ 頭が動く
⑤ ハリス　尾が動く

まっすぐ貫通させてつけるのもよいが、ミミズの動きが悪くなる。

カゲロウ類
- 頭がけ
- 尻がけ
- 二匹通し刺し
- カゲロウの成虫　羽根を切る
- ヒゲナガカワトビケラ
- チャバネヒゲナガカワトビケラ
- オオシマトビケラ
- カワゲラ
- トビケラの成虫

47

PART3　3大釣法、それぞれの基本をマスター

■サオの扱い方

　サオのグリップ（握り方）は、例えば、野球のバットやゴルフクラブなどと同じように重要だ。常に正しく握っていないと、アワセが遅れたり、反対に強すぎてアワセ切れを起こしてしまったりするため、しっかりマスターしておくこと。また、当然のことだが、フィールドは常につりやすい環境にあるわけではない。そのため、サオの振りこみ方は最低でも以下の四つの方法くらいはマスターしておこう。

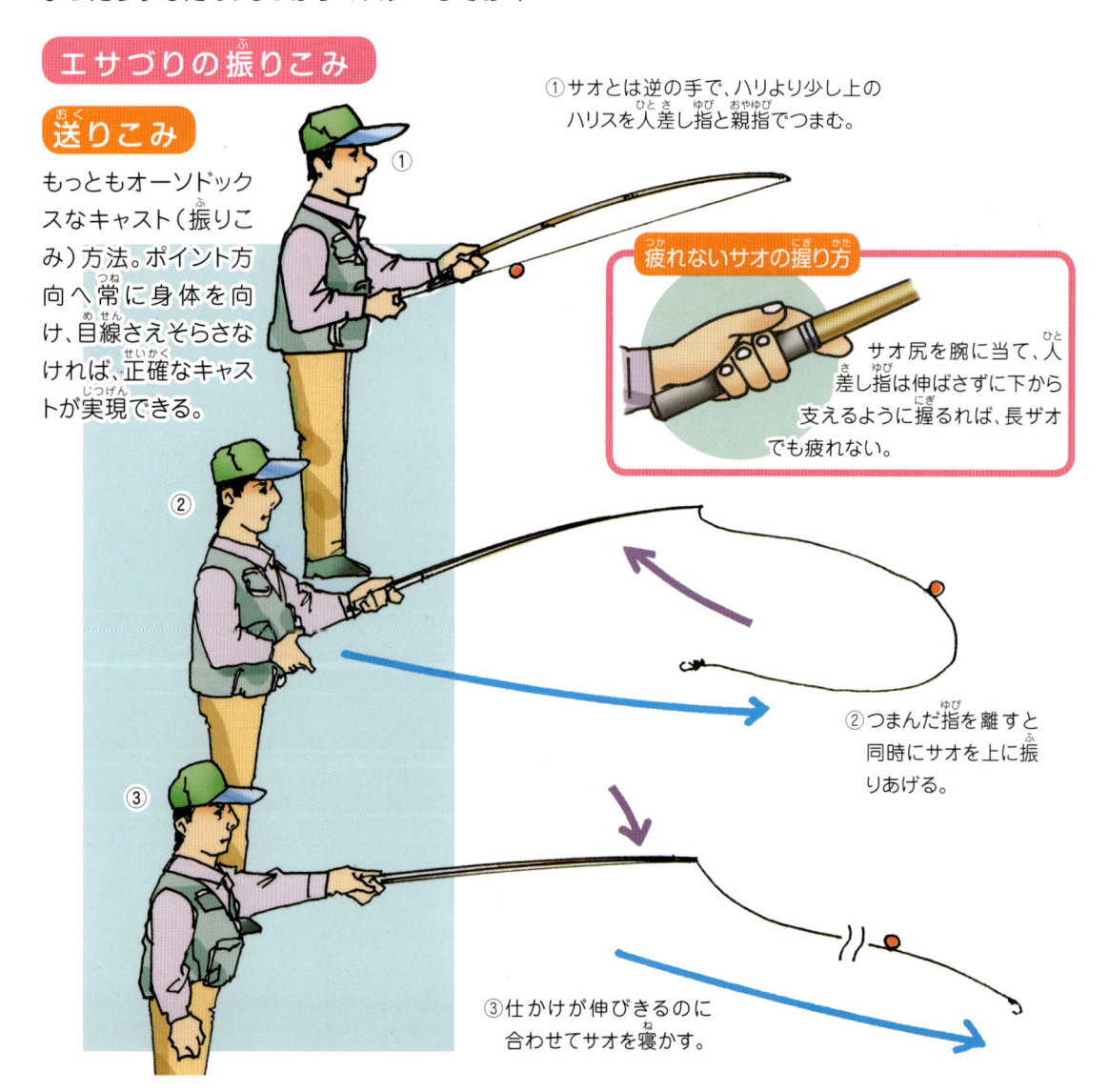

エサづりの振りこみ

送りこみ

もっともオーソドックスなキャスト（振りこみ）方法。ポイント方向へ常に身体を向け、目線さえそらさなければ、正確なキャストが実現できる。

①サオとは逆の手で、ハリより少し上のハリスを人差し指と親指でつまむ。

疲れないサオの握り方
サオ尻を腕に当て、人差し指は伸ばさずに下から支えるように握れば、長ザオでも疲れない。

②つまんだ指を離すと同時にサオを上に振りあげる。

③仕かけが伸びきるのに合わせてサオを寝かす。

たすき送りこみ

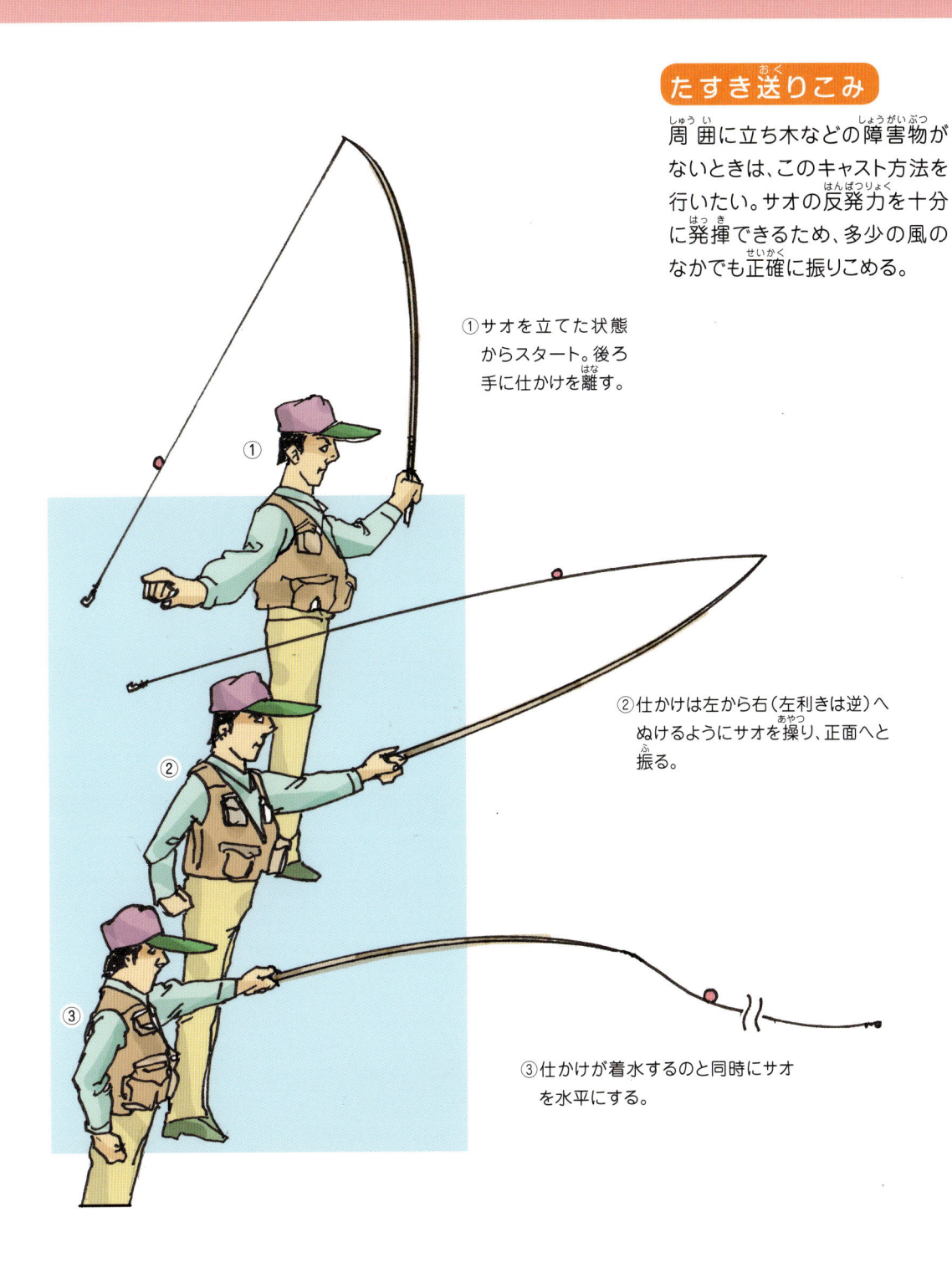

周囲に立ち木などの障害物がないときは、このキャスト方法を行いたい。サオの反発力を十分に発揮できるため、多少の風のなかでも正確に振りこめる。

①サオを立てた状態からスタート。後ろ手に仕かけを離す。

②仕かけは左から右（左利きは逆）へぬけるようにサオを操り、正面へと振る。

③仕かけが着水するのと同時にサオを水平にする。

49

PART3　3大釣法、それぞれの基本をマスター

水平振りこみ

頭上に木々などが生い茂っているときなど、邪魔されずにキャストできる。

サオ先が曲がるくらい引いてから、水平にサオを振って仕かけを送りこむ。

回転振りこみ（小回し）

サオが長くなると、どうしても片手での操作はむずしくなる。
そんなときは、この両手での回転振りこみが威力を発揮する。

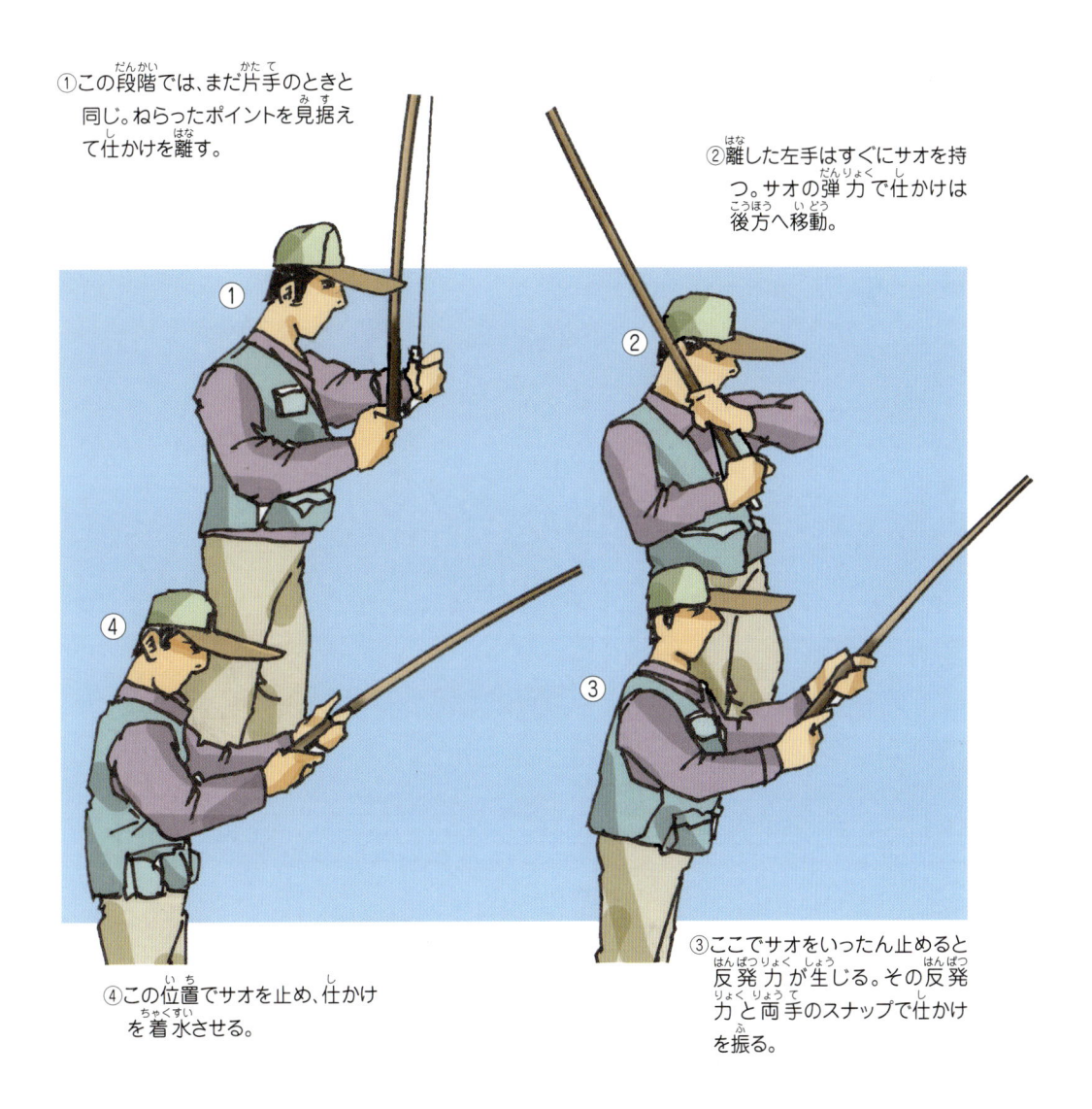

①この段階では、まだ片手のときと同じ。ねらったポイントを見据えて仕かけを離す。

②離した左手はすぐにサオを持つ。サオの弾力で仕かけは後方へ移動。

③ここでサオをいったん止めると反発力が生じる。その反発力と両手のスナップで仕かけを振る。

④この位置でサオを止め、仕かけを着水させる。

ルアーフィッシングの基礎技術(きそぎじゅつ)

●ルアーフィッシングの仕(し)かけ作(づく)り

ルアーフィッシングのなかでも、特(とく)に渓流(けいりゅう)の場合(ばあい)は、仕(し)かけ作(づく)りは極端(きょくたん)に簡単(かんたん)である。実践(じっせん)という意味(いみ)でいえば、ノット(結(むす)ぶ)の個所(かしょ)といったら、ライン(イト)とルアーのアイの部分(ぶぶん)だけ。だから、少(すく)ない個所(かしょ)だけに、その結(むす)び方(かた)には十分(じゅうぶん)凝(こ)りたいものだ。なぜならノットのやり方(かた)次第(しだい)で、劇的(げきてき)にアクションが変化(へんか)するルアーもあるからである。

仕(し)かけ号数(ごうすう)

ロッド(サオ):ルアーのスピニングロッド=5.5〜6フィートのウルトラライトアクション、ライン(イト)=ナイロン2〜4ポンド

スプールと道糸(みちいと)の結(むす)び方(かた)

①スプールに道糸(みちいと)を巻(ま)きつける。

②巻(ま)きつけた先(さき)に輪(わ)を作(つく)り、図(ず)のように4〜5回(かい)巻(ま)いて、しっかり締(し)めれば完成(かんせい)。

ルアー(ヨリモドシ)の結(むす)び方(かた)

ユニノット
①ルアーのアイ(ラインを結(むす)ぶ環(わ))にラインを通(とお)し、輪(わ)を作(つく)る
②輪(わ)に通(とお)したラインをいっしょに4〜5回(かい)巻(ま)く
③ラインをゆっくり引(ひ)いて締(し)め余分(よぶん)をカット

フリーノット
①片結(かたむす)びの輪(わ)を作(つく)り、その端(はし)をアイ(環(わ))に通(とお)す
②通(とお)したラインを輪(わ)のなかに通(とお)す
③もう一度(いちど)ラインを通(とお)して輪(わ)を作(つく)る
④ゆっくり締(し)めて輪(わ)の大(おお)きさを1cmくらいに締(し)める

クリンチノット
①アイにラインを通(とお)したら、4〜5回(かい)巻(ま)きつける
②アイに一番(いちばん)近(ちか)い輪(わ)のなかにラインの端(はし)を通(とお)し、そのときにできる大(おお)きい輪(わ)にさらに通(とお)す
③ゆっくりと締(し)めてから、余分(よぶん)をカット

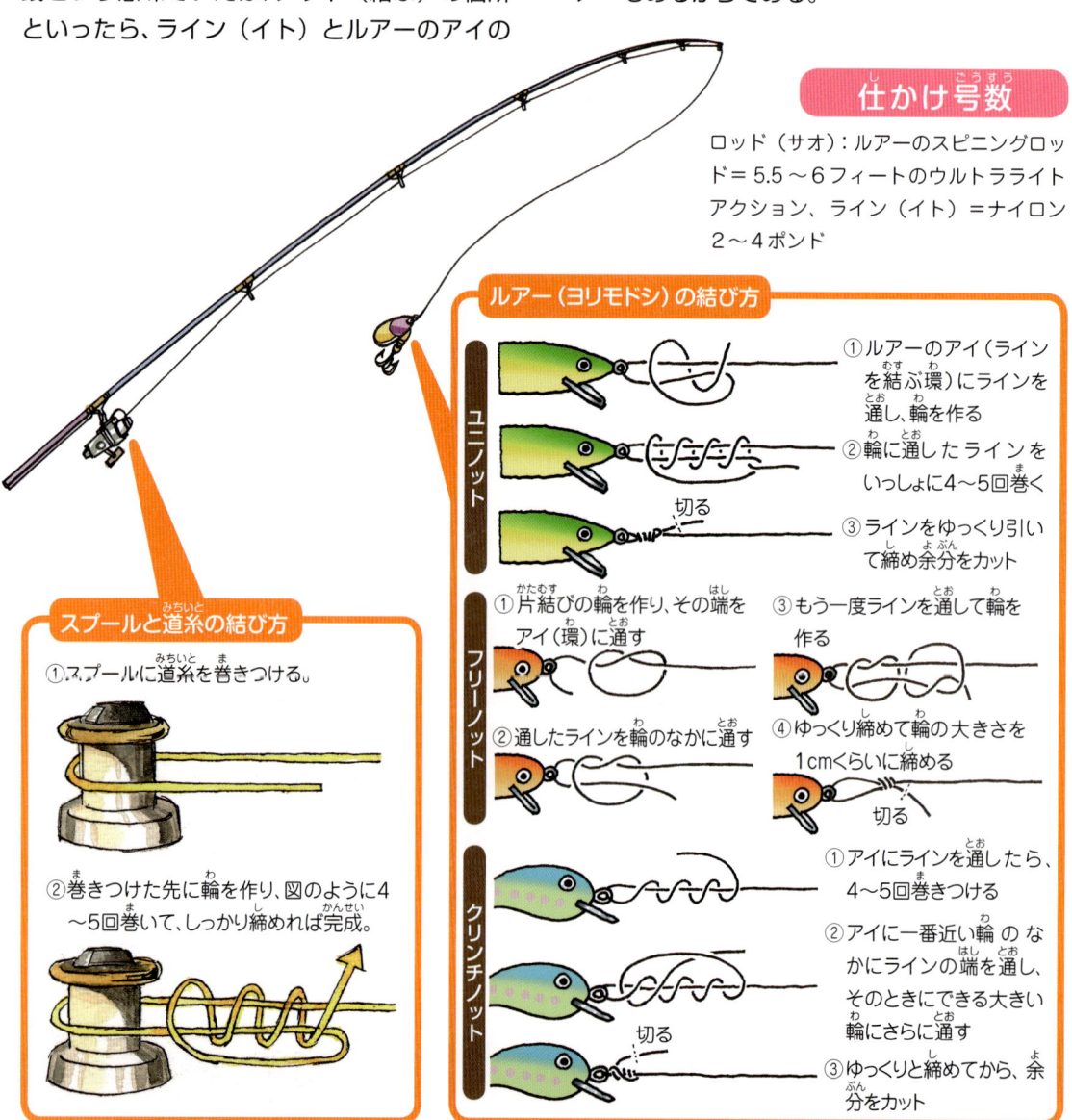

■リールについて

　サオと同じくらい重要なものに、ラインを出したり巻き上げたりするリールがある。リールがあれば、ハリにかかった魚がたとえ大物でも引き寄せたり、つり上げたりすることができる。
　リールの種類は豊富だが、渓流の里川ではスピニングリールを使う。特に注目したいのは、ドラグという機能。これは糸の切れを防ぐために、ハリにかかった魚の力が加わるとリールからラインが送りだされる機構だ。

リールの各部の名称

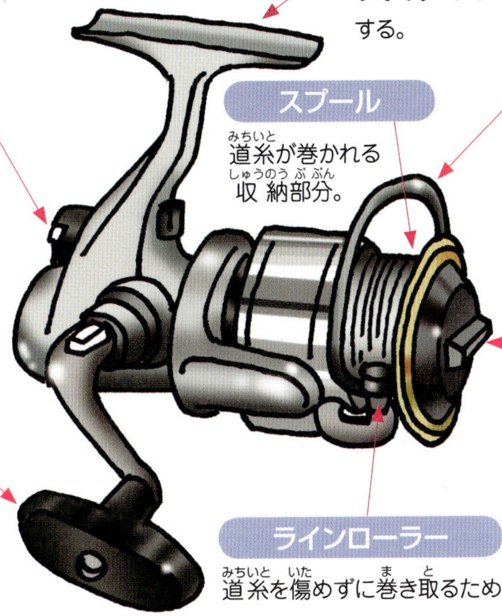

リールフット
サオのリールシートに固定する。

ストッパーレバー
ハンドルを逆回転させるときに使う。根がかりなど、急に糸を出したいときに使う。

スプール
道糸が巻かれる収納部分。

ベイルアーム
回転して道糸を巻き取る。キャストのときはここを起こす。この状態で巻き取ることができる。

ドラグ
ここを調節することによって、道糸にテンションをかけることが可能。

ハンドル
取り外して、右利き、左利きに対応できる。

ラインローラー
道糸を傷めずに巻き取るためのもの。

リールのドラグと調整方法

ここを調節すると、道糸にブレーキをかけることができる。大物とのヤリトリのときは、相手を疲れさせて、ヤリトリを有利に進められる。

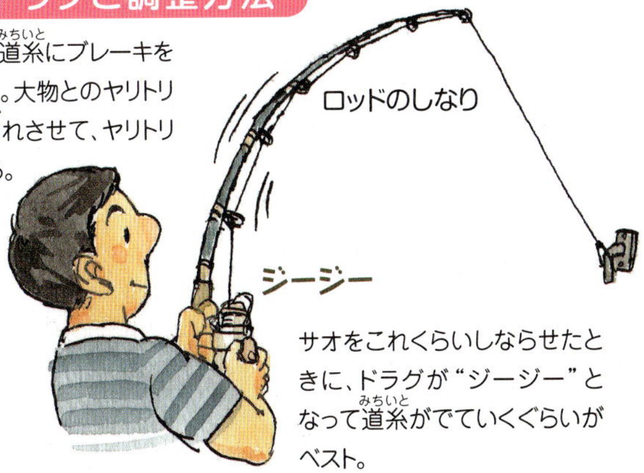

ロッドのしなり

ジージー

サオをこれくらいしならせたときに、ドラグが"ジージー"となって道糸がでていくぐらいがベスト。

ドラグはスプールの頭部分にあるノブを回して調節する。

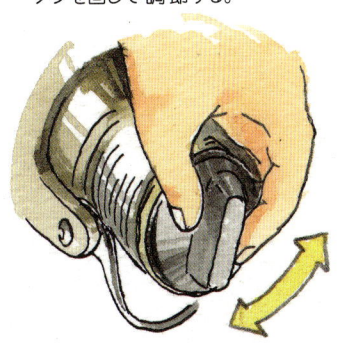

リールの表記を知る

リールにはその機構や大きさなどによって、それぞれポテンシャルに違いがある。

ただし、そんなにむずかしいものではなく、初心者は、マッチするイトの号数ぐらいをチェックしておけばよい。

※1 ハンドル1回転に対し、スプールは5回転を表す。
※2 引っ張り強度を示す。
※3 6kg以上の力が加わると壊れることを示す。
※4 滑らかな回転に必要。多いほど高価な傾向がある。
※5 太さやポンドによって巻ける長さを表示。初心者はここに注目しよう。

商品名	BR-2000s	
重量	260g	
ギヤ比	5:1	※1
ドラグ耐久力	3kg	※2
破壊耐久力	6kg	※3
ボールベアリング数	4	※4
イト巻き量	0.20=315、0.30=130(mm=m) 10=120、14=90(lb=yd)	※5

収納のためのリリースボタン

ハンドルの付け根部分にあるボタンを押しながらハンドルを倒すと、よりコンパクトになる。

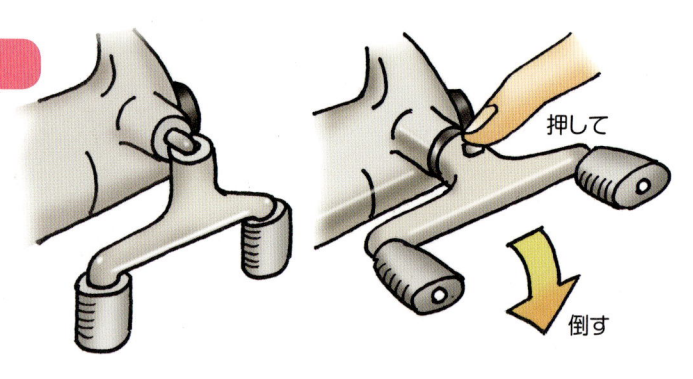

押して
倒す

ハンドルの交換

スピニングリールは、使う人の利き腕に合わせてハンドルの向きをチェンジすることが可能。

通常なら、右利きの人は左ハンドル（右腕でサオを操作）、左利きの人はその逆の右ハンドル（左腕でサオを操作）にセットする。

スクリューキャップ
ハンドルシャフト
ハンドル

右利きから左利きにチェンジ

ハンドルシャフトと穴の形状をしっかり合わせて差し込むこと。

リールのラインの放出と巻き取りのメカニズム

巻き取りのメカニズム
ハンドルを回転させるとベイルアームも回転してラインが巻き取られる。このときにスプールは前後に動くため、ラインは均等に巻かれていく。

放出のメカニズム
ラインを巻き取るためのベイルアームを起こすと、ラインはフリーになる。つまり、キャストするときはこの状態。なお、このときに可動するパーツはない。

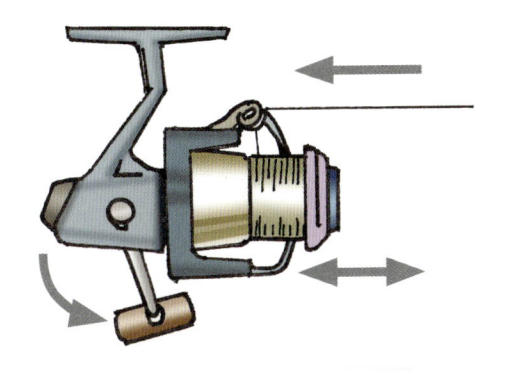

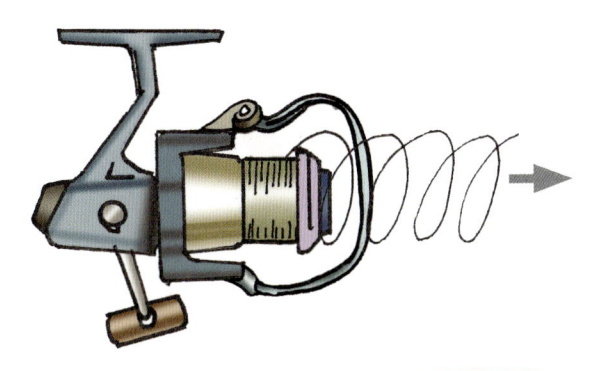

リールのメンテナンス
①濡れタオルで汚れや砂、塩分などを拭き取る。
②乾いたタオルで水気を切り、部品によってはオイルを差しておく。
※オイルを差してはいけない部品もあるため注意。

気になる箇所があるときは、購入したショップやメーカーに問い合わせてみよう。

スプールの適正量

✗ **少ない場合**
キャストのときにスプールのエッジに擦れてしまい、イトを傷めるばかりか、遠投ができない。

✗ **巻きすぎの場合**
キャストすると、イトが塊となってガイドに絡まってしまう。最悪はサオが折れるケースもある。

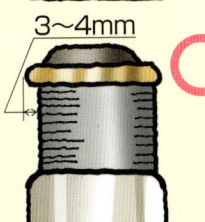

3～4mm
〇 **適正量**
初心者はスプールのエッジから3～4mm前後浅めに巻こう。

■ルアーについて

里川を含む渓流で使用されるルアーには小型のものが多い。スプーンは2～5ｇ、スピナーは2～7ｇ、ミノープラグなら3～7㎝程度の大きさをそれぞれ用意しておこう。

スプーン

シンプルな構造によって空気抵抗は抑えられ、とてもキャストがしやすい。また、サーフェイス（水面）以外ならどのレンジも探れるので、とてもメリットの多いルアー。

エッグシェルタイプ

タマゴ型のボディ。広い面積は水の抵抗を大きくするので上層に浮き上がりやすい。そのため、シャロー（表層）からミッド（中層）レンジに向く。リーリングはスローが向く。

ウイローリーフタイプ

ヤナギの葉型ボディ。水の抵抗は少ないために沈下速度は早く、ミッドからボトムレンジに向く。ただし、早くリーリングしないと、アクションを起こさないルアー。

タイプ別の沈み方

エッグシェルタイプは、ヒラヒラとゆっくり沈む。逆にウイローリーフタイプは底までストレートに落ちていく。沈むアクションで食わせたいときは、エッグシェルが◎。

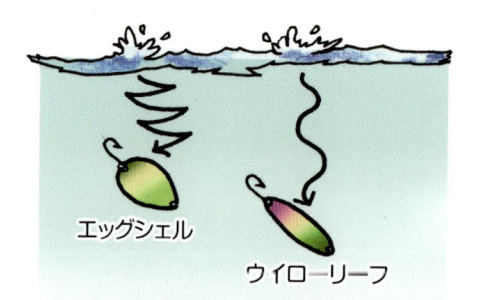

流れの方向によって使い分ける

流れと同じ方向にリーリングした場合、流れの速度と同じかゆっくりにすると、エッグシェルはよく動くが、ウイローリーフは沈んで根がかりの原因になる。

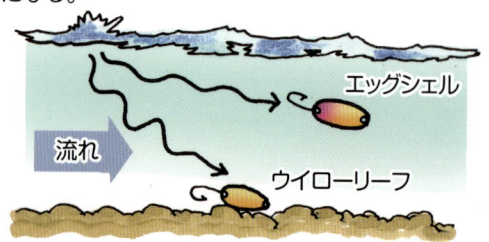

流れに対してリーリングした場合、流れが強いとエッグシェルは水面より飛び出してしまう。逆にウイローリーフはよく動く。

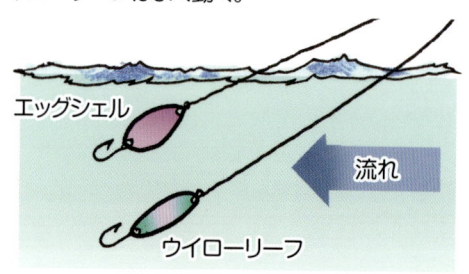

スピナー

小型のわりに重量があるのでキャストしやすい。また、着水音(ちゃくすいおん)も小さいために警戒心(けいかいしん)の強いヤマメやイワナに対して、おくすることなく大胆(だいたん)な攻め方を可能にしてくれるルアー。

3タイプそれぞれの泳ぎ方

エッグシェルタイプ
ブレイドの回転円周(かいてんえんしゅう)はもっとも大きい。上層(じょうそう)へと浮上しやすい。スローリーリング、シャローからミドルレンジ向き。

ティアドロップタイプ
3タイプのなかで中間的な役割をする。リーリングを早めると潜ろうとするため、ミドルからディープレンジ向き。

ウイローリーフタイプ
水抵抗(みずていこう)はもっとも小さいので沈む速度は早い。しかし、同時に回転力も弱いためにリーリングは早めに行う必要がある。

ミノープラグ

フローティングはボディに浮力(ふりょく)があるため浮く。サスペンドは水と同じ比重(ひじゅう)なため、沈むことなく水中に留まっていられる。シンキングは沈むタイプ。

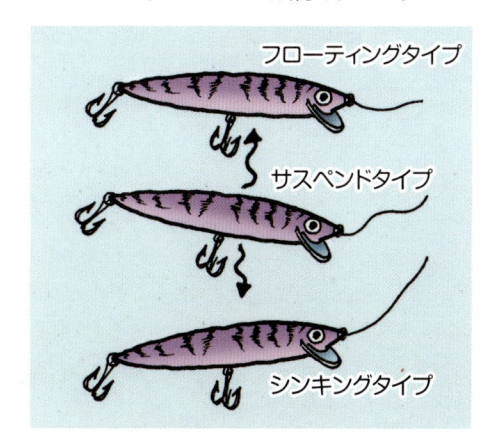

フローティングタイプ
サスペンドタイプ
シンキングタイプ

ミノープラグの泳ぎ方

フローティングタイプを例にあげると、流れと同じ方向にリーリングした場合、流れより遅いと、水面にただ浮いているだけ。リーリングが速ければ速いほど、潜(もぐ)る水深は深くなる。

流れ
流れよりも遅い
流れよりも速い

57

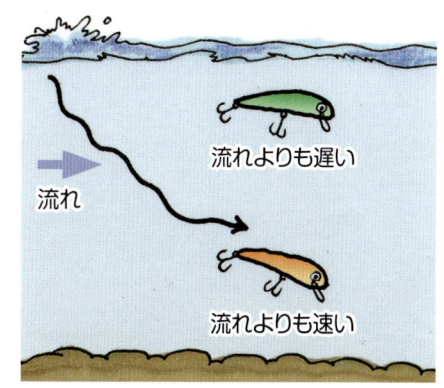

■ルアーキャスティング

ヤマメやイワナをつるうえで、ねらった位置へルアーを正確にキャスト（投げる）ことは重要である。特に多用されるキャストは基本となるオーバーヘッドキャストとサイドハンドキャストの2つ。しっかりマスターしよう。

キャスティングのための準備

①図のようにラインへ人さし指を軽くひっかけておく。

②ベイルアームを起こす。このときに人さし指をグリップに押しつけてフリーになったラインを固定する。

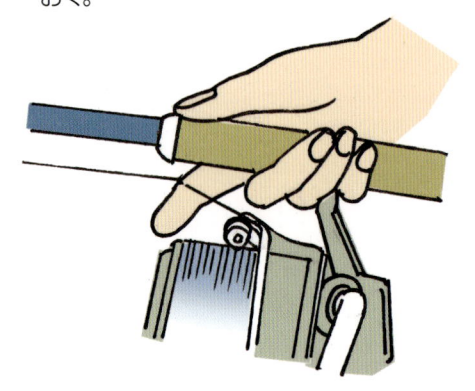

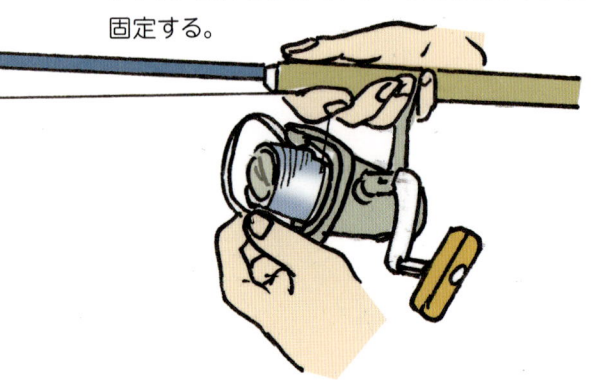

オーバーヘッドキャスト

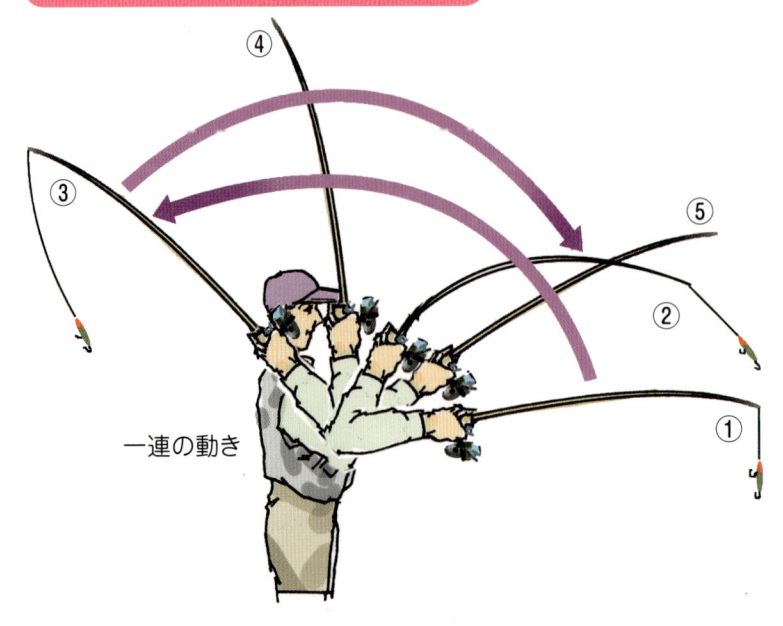

一連の動き

ルアーフィッシングだけでなく、リールを使うつり全般において基本となるキャスト。そして、もっとも多用されるキャストでもある。マスターするコツは、力まずにコンパクトにロッドを振るように心がける。

オーバーヘッドキャストの分解図

① 手首を使ってロッドを起こしていく。

② 十分な反発力を得るために、腕の反動を利用してロッドをしならせる。

③ 後方から前方へロッドが移動するとき、頭の横をロッドが通過くらいで人さし指を解放する。

④ ロッドはこの位置でキープして、ルアーを着水させる。

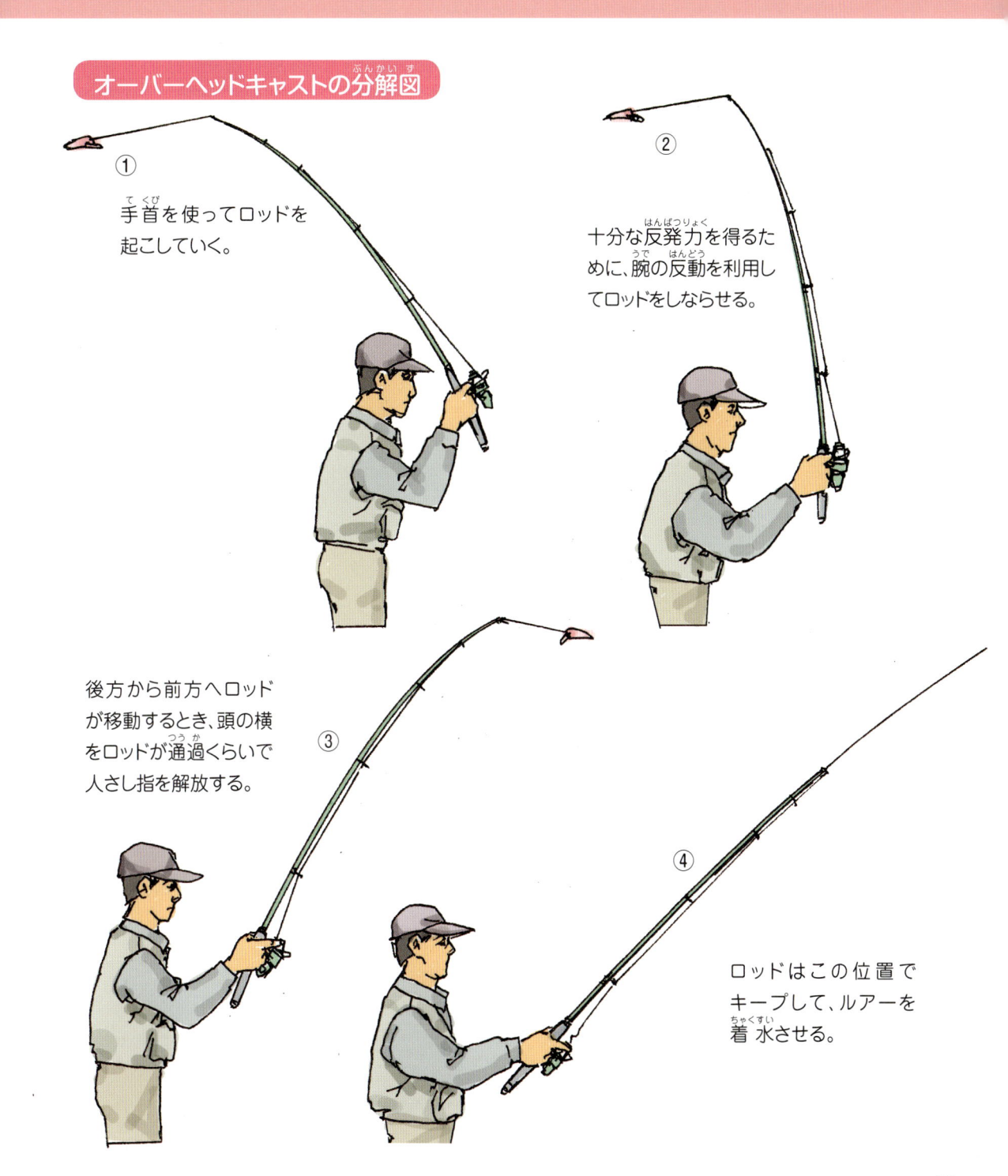

PART3　3大釣法、それぞれの基本をマスター

サイドハンドキャスト

頭上に樹木などの障害物があるときに多用されるキャスト。低くルアーが飛んでいくので、オーバーヘッドキャストよりも弾道を確認しやすい。

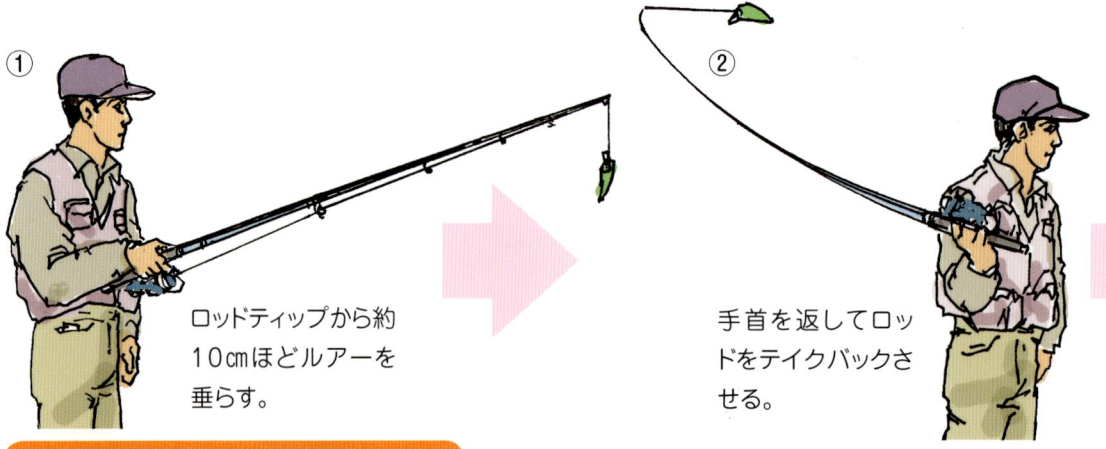

① ロッドティップから約10cmほどルアーを垂らす。

② 手首を返してロッドをテイクバックさせる。

サイドハンドキャストの一例

低い弾道でキャストできるということは、ルアーの着水音を最小限に抑えられることにもつながる。つまり、このキャストをメインにするつり人は多い。

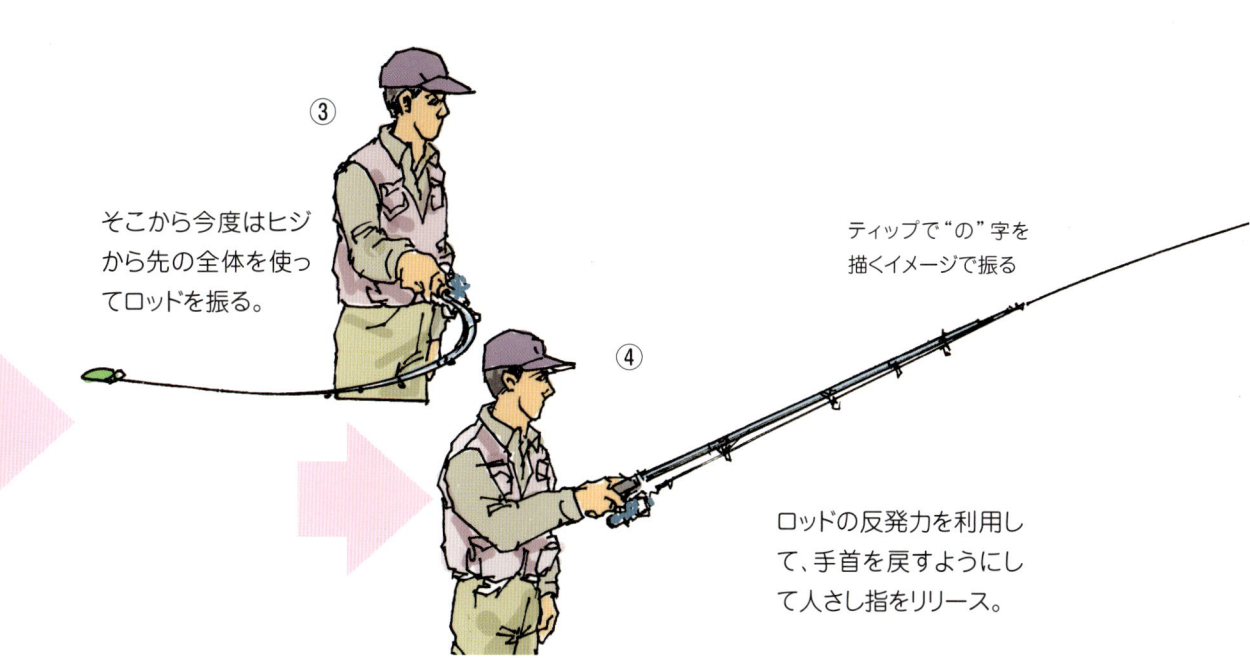

③ そこから今度はヒジから先の全体を使ってロッドを振る。

ティップで"の"字を描くイメージで振る

④ ロッドの反発力を利用して、手首を戻すようにして人さし指をリリース。

PART3　3大釣法、それぞれの基本をマスター

フライフィッシングの基礎技術

●フライフィッシングの仕かけ作り

　一見すると、結ぶ個所が多くていかにも面倒に思うかもしれない。しかし、リーダーとティペット、ティペットとフライの結び以外は、一度結んでしまえば頻繁には行わない結びなので安心しよう。

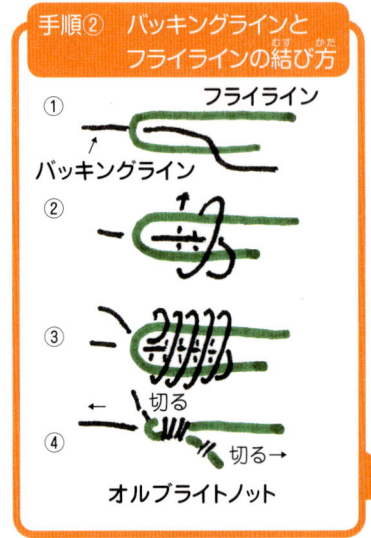

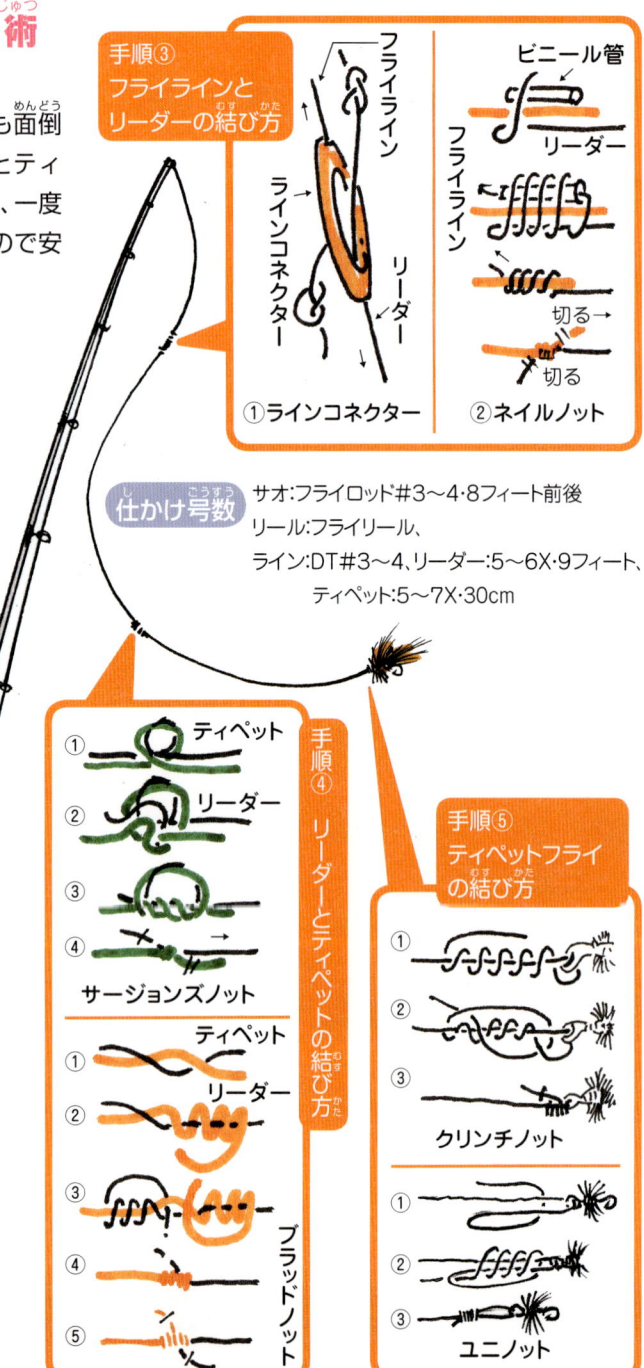

手順③　フライラインとリーダーの結び方

①ラインコネクター

②ネイルノット　ビニール管

手順②　バッキングラインとフライラインの結び方

① フライライン／バッキングライン
②
③
④　切る

オルブライトノット

仕かけ号数

サオ:フライロッド#3〜4・8フィート前後
リール:フライリール、
ライン:DT#3〜4、リーダー:5〜6X・9フィート、
ティペット:5〜7X・30cm

手順④　リーダーとティペットの結び方

① ティペット
② リーダー
③
④

サージョンズノット

① ティペット
② リーダー
③
④
⑤

ブラッドノット

手順①　フライリールとバッキングライン結び方

アーバーノット

手順⑤　ティペットフライの結び方

①
②
③
クリンチノット

①
②
③
ユニノット

62

フライライン

フライラインは先端部の重さで区分され、その番手を参考（ロッドの番手を基準にする）に選ぶ。形状にはDT（ダブルテーパー）、WT（ウエイトフォワード）、ST（シューティング）がある。また、タイプにはF＝フローティングとS＝シンキングなどがある。

パッケージの表記

例えば、DT－4－Fとあれば、ダブルテーパー4番のフローティングを表している。

テーパーの形状

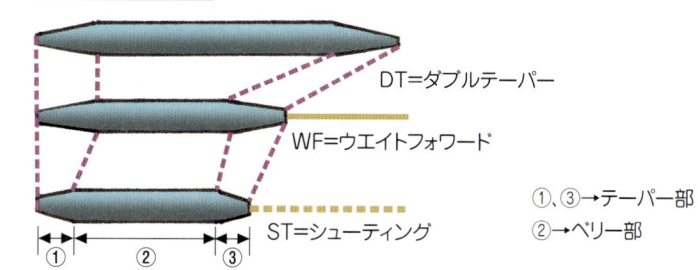

- DT＝ダブルテーパー
- WF＝ウエイトフォワード
- ST＝シューティング

①、③→テーパー部
②→ベリー部

ロッドの表記

長さは8フィート、適合ラインは4〜5番を表している。

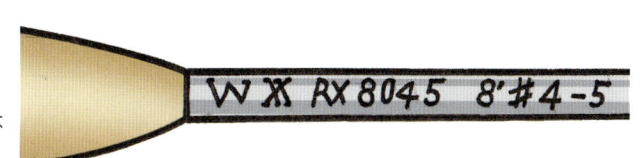

WX RX8045 8'#4-5

リーダー

ナイロン製でキャスティングのためにテーパーになっている。先端にはティペットを付けたす。

リーダーの形状

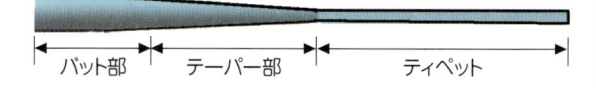

バット部 ／ テーパー部 ／ ティペット

リーダーのサイズ

番手	太さ（インチ）	強さ（ポンド）	適合するハリのサイズ
0X	0.011	14	0/1〜4
3X	0.008	8	10〜14
4X	0.007	6	12〜16
5X	0.006	4	14〜22
6X	0.005	3	16〜24
7X	0.004	2	18〜28

フライリール

スプールにたくさん開けられた穴は、少しでもウエイトを減らすため。フライラインは長さが決まっているため、バッキングラインを巻くことによって全体の巻き量を調節する。

ドラグ機能はラチェットという機構が備えられている。

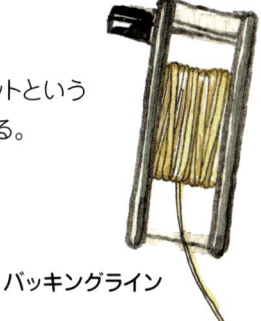

バッキングライン

■フライについて

ヤマメやイワナをつるためのフライは、主に水生昆虫（カワムシ）と陸生昆虫（アリなど）を模したものになる。なかでも水生昆虫の一生を知る人はあまりいないはずだから、ここで紹介しよう。

メイフライ（カゲロウ）

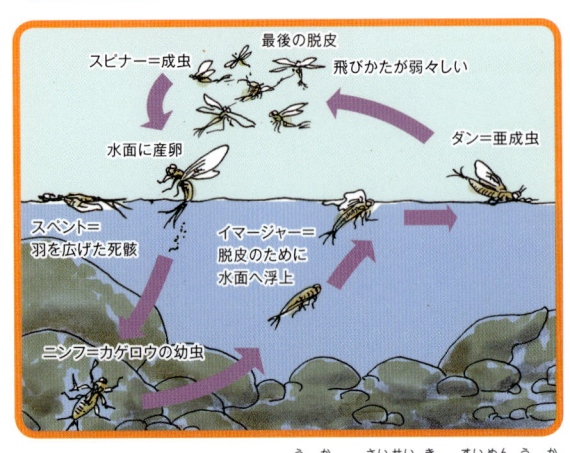

図中ラベル：
- スピナー＝成虫
- 最後の脱皮／飛びかたが弱々しい
- 水面に産卵
- ダン＝亜成虫
- スペント＝羽を広げた死骸
- イマージャー＝脱皮のために水面へ浮上
- ニンフ＝カゲロウの幼虫

フライ種類：
- スピナー（水面に浮かす）
- ダン（水面に浮かす）
- ニンフ（水中）
- イマージャー（水中）

その名とおり、5～6月が羽化の最盛期。水面羽化（図）するものの他に水中羽化、陸上羽化するタイプに分れる。

カディス（トビケラ）

図中ラベル：
- フラッタリング＝産卵のために水面に飛びこむ
- セッジ（アダルト）＝成虫
- 羽化をはじめる
- 産卵
- ラーバ＝巣を作る幼虫
- ピューパ＝脱皮に向けて水面を目指す

フライ種類：
- アダルト（水面に浮かす）
- ピューパ（水中）
- ラーバ①（水中）
- ラーバ②（水中）

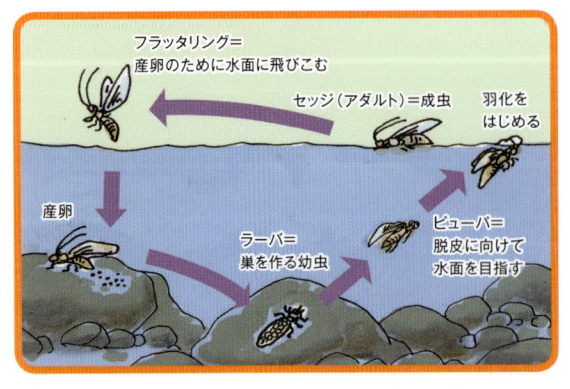

カディスの羽化は、4～10月頃まで盛んに行われる。成虫になるための脱皮は、流れにのってゆっくりするために捕食されやすい。

ストーンフライ（カワゲラ）

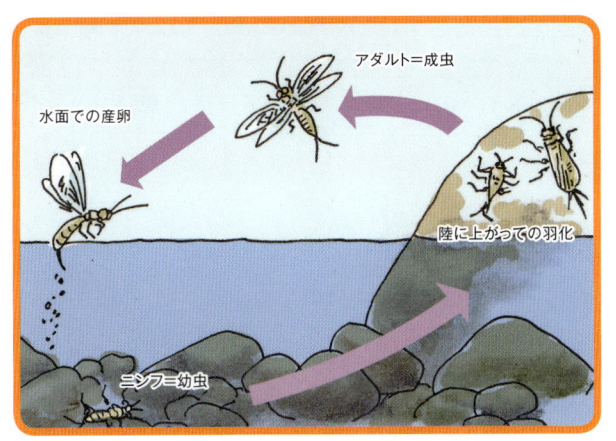

アダルト＝成虫
水面での産卵
陸に上がっての羽化
ニンフ＝幼虫

カワゲラは陸上で羽化する。魚にとってもっとも捕食しやすい状態は陸にあるためか、左の2タイプに比べると使用頻度は低い。

アダルト（水面に浮かす）

ニンフ（水中）

テレストリアル（陸生昆虫）

- アント＝アリ
- ビートル＝甲虫  
- ホッパー＝バッタ

ウエットフライ

ウエットフライには何を模しているかわからないパターンもある。つまり、どちらかといえば、ルアー的要素が強いといえる。

- ウイングタイプ 
- ソフトハックルタイプ

■フライキャスティングについて

　フライフィッシングのキャストは他の釣法とは違う。他はオモリやルアーの重さを利用するがこの釣法にはそれがなく、代わりにフライラインの重さを利用するからだ。

　ここではっきり断言しよう。フライキャスティングは決して難しいものではない。確かにロングキャストには技術がいる。しかし、里川では5mから10mもキャストできれば十分。つまり、その距離をマスターすれば魚はつれるのである。さらに、5mのキャストだと、よっぽどまちがった操作をしなければ30分の練習で可能なのである。

ロッドのグリップ

サムオントップ
もっとも基本となる握り方。パワーキャスト向き。

フィンガーグリップ
低番手ロッドの握り方。渓流などの繊細なつりに向く。

フライキャスティングの全体図

おおままかであるが、これがフライキャスティング全体のイメージ。ロッドを前後に振ることで生まれる反発力がラインへと伝わる。

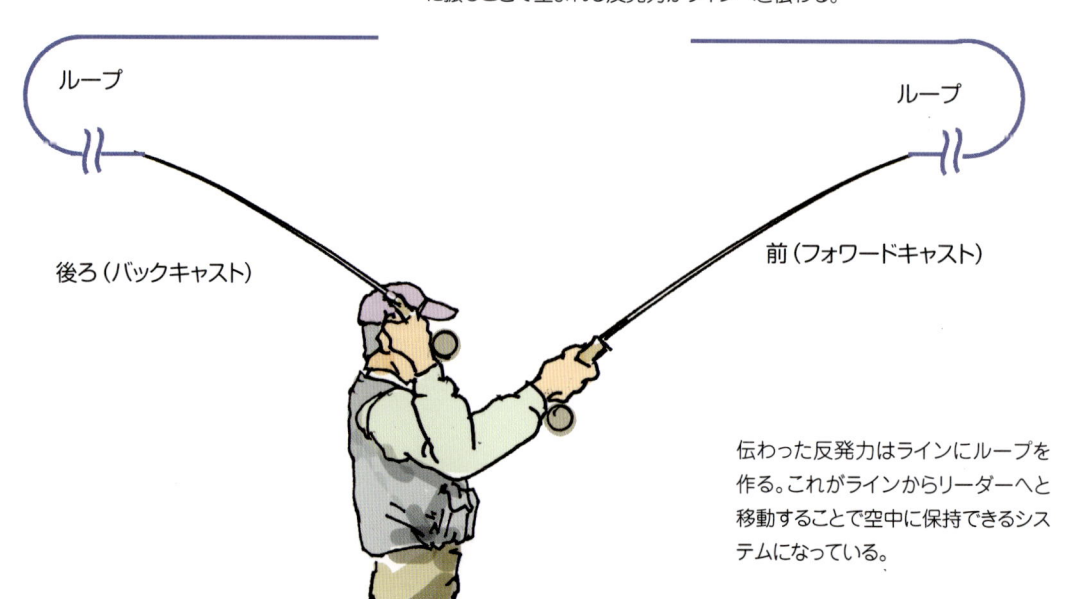

ループ　　　　　　　　　　　　　　　ループ

後ろ（バックキャスト）　　　前（フォワードキャスト）

伝わった反発力はラインにループを作る。これがラインからリーダーへと移動することで空中に保持できるシステムになっている。

マスター方法

最終目標は後にでてくるフォルスキャストだが、その前に、まずはラインが"飛ぶ"感覚を体得しよう。やり方の手順は"ピックアップ""ポーズ""レイダウン"の3つだけ。マスターするためのキーワードは「肩の力をぬいて、やさしくロッドを振ること」だ。

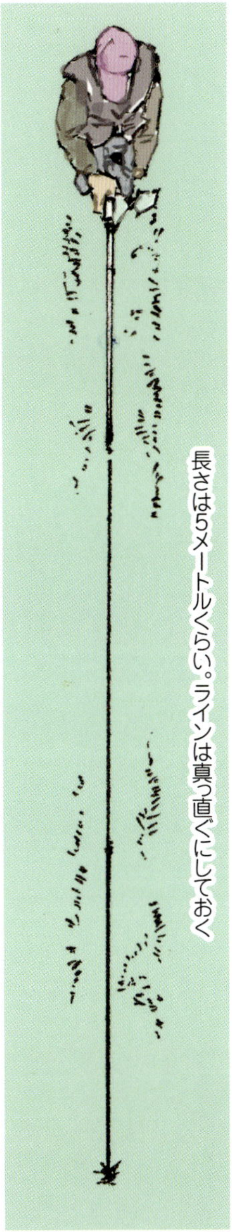

①練習をはじめる前

ピックアップは前方から後方へ行うため、ラインは身体の前にあること。
また、練習場所には芝生や池のあるところを選ぼう。

②ピックアップ。そしてポーズ

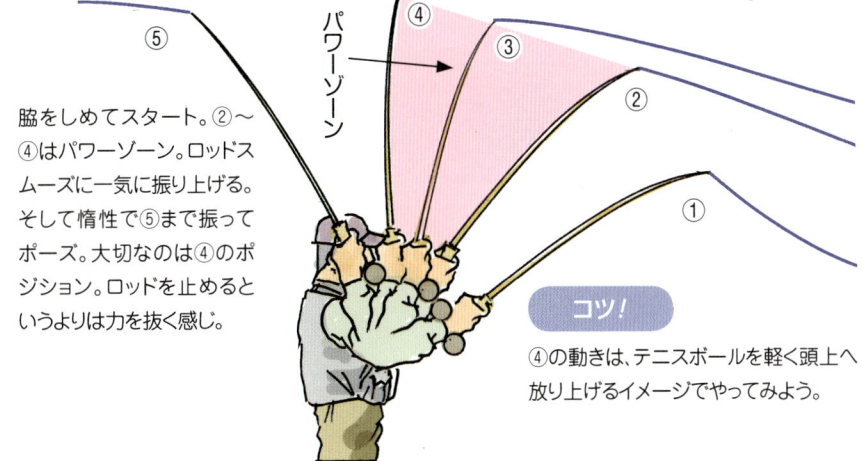

脇をしめてスタート。②〜④はパワーゾーン。ロッドスムーズに一気に振り上げる。そして惰性で⑤まで振ってポーズ。大切なのは④のポジション。ロッドを止めるというよりは力を抜く感じ。

コツ！
④の動きは、テニスボールを軽く頭上へ放り上げるイメージでやってみよう。

長さは5メートルくらい。ラインは真っ直ぐにしておく

ポーズ（④〜⑤）でのラインの動き

つまりポーズとは、反発力によってできたループが移動し終わるためのもの。

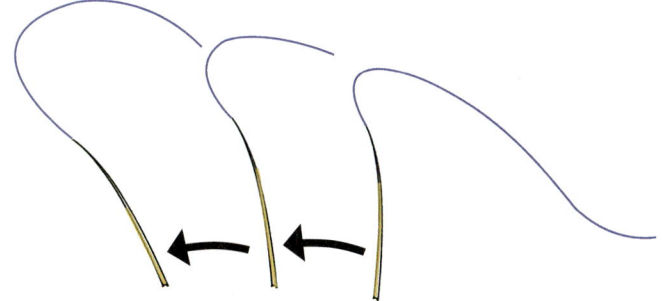

PART3　3大釣法、それぞれの基本をマスター

③レイダウン

①レイダウンは、ループが完全に伸び切る（ターンオーバー）直前に開始する。②〜③からパワーゾーン。そこから惰性で④のポジションまで振っていく。

①　②　③　パワーゾーン　④

④のラインの動き
ループの移動をよく見ておくこと。

コツ！

③では、目の前にいる"小さい子ども"と軽くキャッチボールをするイメージでやってみよう。

レイダウンのチェックポイント

×1は、ピックアップでの⑤のポイントよりもさらに後ろに倒れている例。×2は倒れているだけでなく、レイダウンへ移行するタイミングも逃してしまっている例。理想の○にならなければならない。

×1　×2　○

他の悪い例

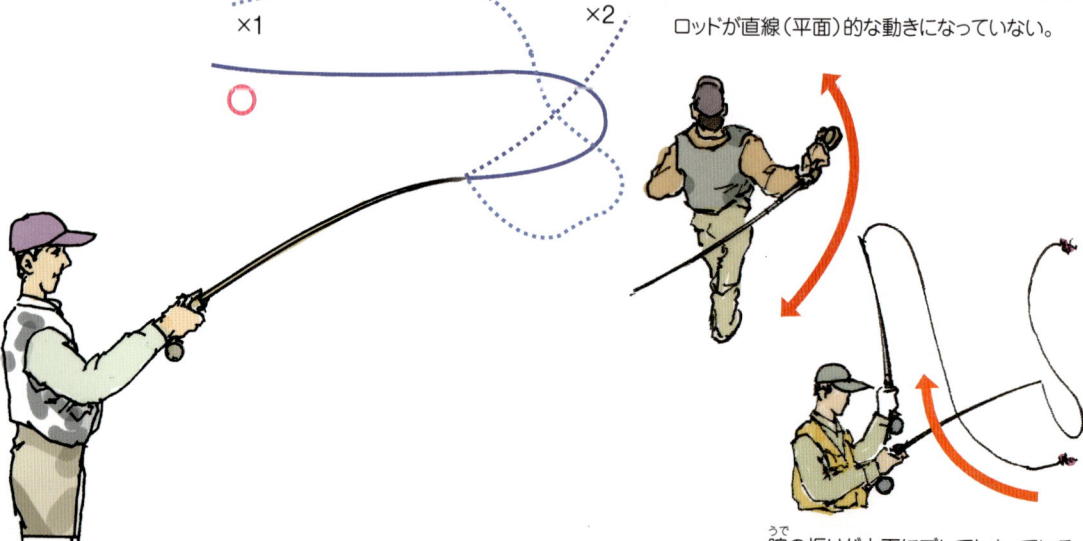

ロッドが直線（平面）的な動きになっていない。

腕の振りが上下にブレてしまっている。

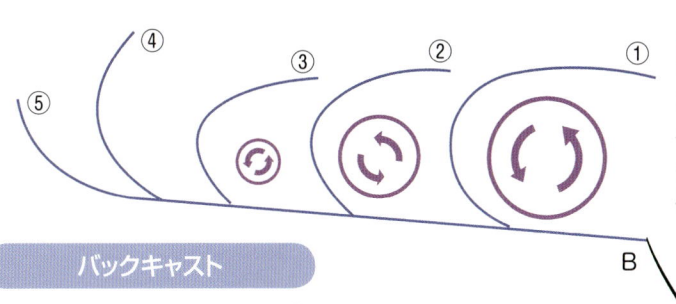

フォルスキャスト

これは前後(フォワード、バックキャスト)にロッドを連続に振って、ラインを空中に保持するためのキャスト。主にこれをしながら、ポイントへの方向修整や距離を目測で計ったりする。

バックキャスト

ロッドの振り方はあくまでピックアップが基本となるが、パワーゾーンは広くなる。Bの位置まで振って力をぬく。⑤のになるときが、まさにフォワードへと移行するタイミング。

フォワードキャスト

これもパワーゾーンは広くなる。そして、レイダウンのときほどはロッドを倒さずにFのの位置でキープする。バックへ移行するタイミングも同じ⑤のときにである。

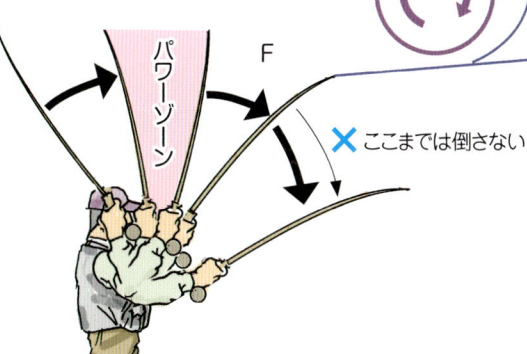

× ここまでは倒さない

実践において、フォルスキャストが繰り返されるのはせいぜい3回くらいまで

パワーの秘密

ロッドからの反発力が伝わってループが生まれメカニズムは、実はラインとリーダーのテーパーデザインによるためだ。

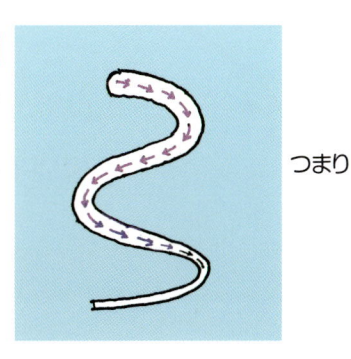

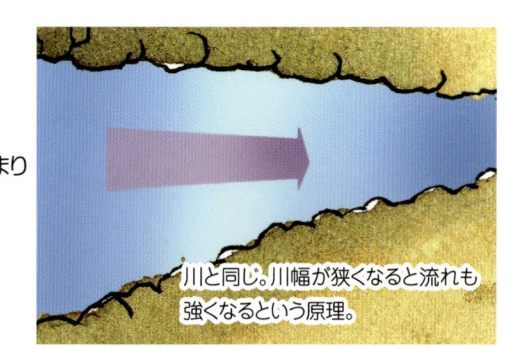

つまり

川と同じ。川幅が狭くなると流れも強くなるという原理。

最終テストはループ幅のコントロール

テストといっても今までのことが体得できていれば、そんなには難しいことではない。これができるようになると、フィールドでの対応力もかなり増すので、できればマスターしておこう。

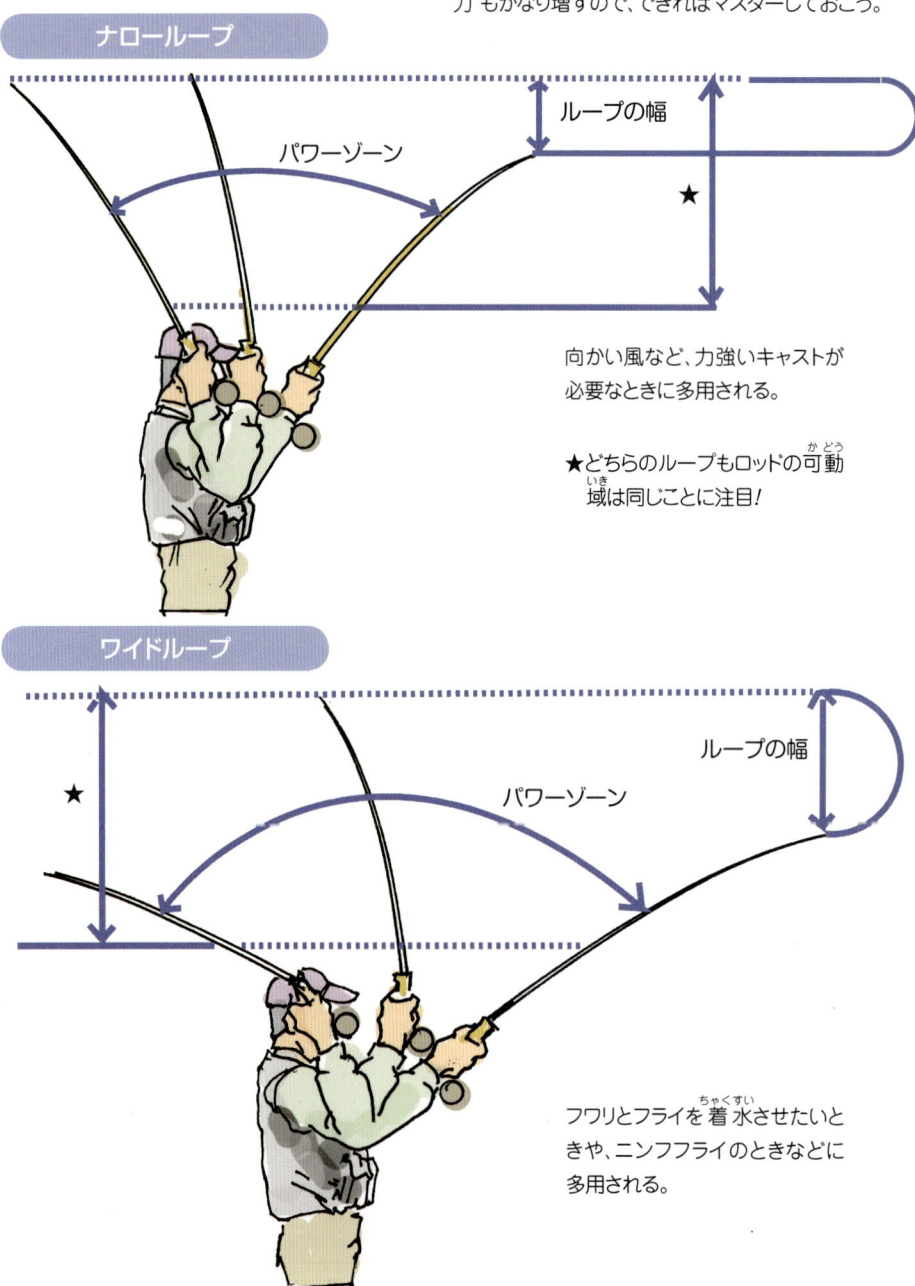

ナローループ

ループの幅
パワーゾーン
★

向かい風など、力強いキャストが必要なときに多用される。

★どちらのループもロッドの可動域は同じことに注目!

ワイドループ

★
パワーゾーン
ループの幅

フワリとフライを着水させたいときや、ニンフフライのときなどに多用される。

PART4

管理つり場へ行こう

PART4 管理つり場へ行こう

管理つり場ってこんなところ

簡単にいってしまえば、"料金を払って施設内に入場し、決められたルールのもとで魚をつる"所が管理つり場である。たえず魚は放流されているので、手軽につれるし、おまけに禁漁期はないために一年中つりを楽しむことができる。

この手軽さといつでもつれることを逆手に取り、ここをマスターフィールドにして、各釣法にトライしてみよう。なお、管理つり場には、各々ルールが定められているので、事前に確認したうえでつりをはじめること。

止水エリア

渓流エリア

管理つり場にはいろいろなつり人が集まる。家族でエサづりを楽しむ人、ルアーフィッシングやフライフィッシングを楽しむ人など…。
今や日本のつり人たちにとって、なくてはならないフィールドになった。

マスターするには、年間を通して活性が高く、自然により近い渓流エリアを選ぼう。

PART4　管理つり場へ行こう

■なぜ管理つり場なのか？

その答えは魚の数にあって、ズバリ魚影を見て取れることにある。いきなり里川にチャレンジしてもかまわないが、そこにすむ魚は自然界に育まれたいわゆる猛者たちなのだ。

当然、間違ったつり方ではまぐれでもつれない。そればかりか、その良し悪しの答えをさとるにも相当の時間を強いられてしまいかねない。

しかし、見えている魚をねらえるということは、間違いをいち早く理解できるどころか、確実にいる魚を相手にアクティブなつりが展開できるからである。

魚影が濃い利点①

魚がいないのでは？という初心者がもっとも陥りやすい疑心暗鬼にならない。

魚影が濃い利点②

より自然に近い状態のなかで、臆することなく、いろいろなつりにチャレンジできる。

ポイントへのアプローチ

管理つり場では、ひとつのポイントにやる気のある魚と、そうでない魚が混在している。まずは、やる気のある魚を吟味してからチャレンジすることが大切。

▲ 放流したてや、満腹などで、休んでいる魚が着く位置

✕ やる気のある魚はエサの集まりやすい場所や流れのなかで積極的に泳いでいる。

ミャクづり徹底マスター

　管理つり場といえども、ただいい加減にエサを流しても魚はつれないし、それでは目的の練習にもならない。つまり、いかにしてポイント（魚のいる場所）に対して、的確にエサを送りこむか。初心者にとって、これが最初のハードルとなるかもしれない。

　ポイントとひと口にいっても、渓流の流れは速くて複雑なため、一点の場所というより、一定の区間にある流れの筋ととらえることが重要である。また、ひとつの流れのなかには、ポイントへ続く流れが複数存在していることを覚えておこう。

仕かけの投入する位置は、魚のいるポイントへつながる流れの筋の上流側にある。

正確な振りこみができれば、後はタナ（水深）の調整のみに集中できる。

後から気づいて間違った筋から戻そうとすると、エサはぎこちなく不自然な動きをしてしまう。

流れの方向

流れの筋

ポイント

PART4　管理つり場へ行こう

仕かけの投入方法

　振りこんだエサは流れにのせて流していくが、ポイントに直接入れたのでは、沈むまもなく下流へと流されてしまう。そこで、ポイントの上流へ投入するわけだが、その川の流れの速さ、ポイントのタナの深さなどを考慮しなければならない。

　初めのうちは、思う所へはなかなか入らないものだが、乱暴にしてサオ先で水面をたたいたりしないように注意すること。食い気のあった魚たちも、このようなことが続くとスレてしまい、どんなによいポイントでもエサに食いつかなくなってしまう。

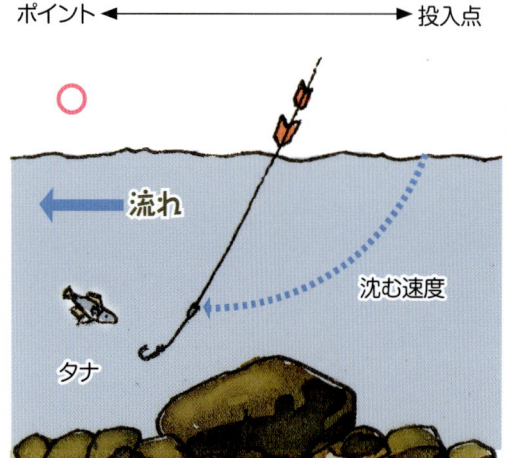

ポイントへ到達するまでの距離
ポイント ←――――――→ 投入点

○
流れ
沈む速度
タナ

魚のところにいくように入れる。ポイントに入れてはダメ。

● 投入点　× ねらうポイント

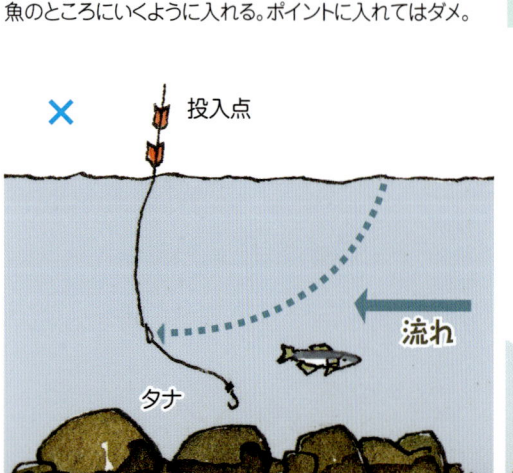

×
投入点
流れ
タナ

タナにいくまでに流されてしまう。

エサがタナまで沈まないとき

①速い流れにのせるとタナの上から通過してしまう。
②遅い流れでエサを沈めてから流すとよい。
上流の石裏などに流れの緩いところがある

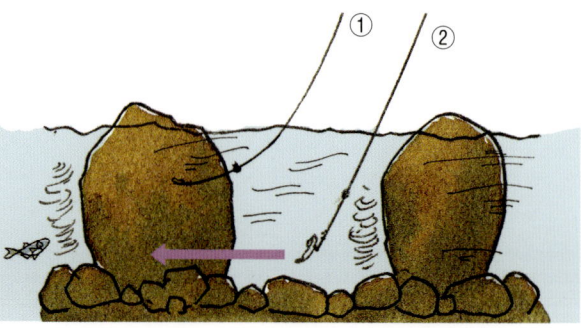

① ②

オモリの重さの調整法

もしも目印が水面と同じ速さで流れているなら、それはオモリが軽すぎて底まで仕掛けが届いていない証拠。なぜなら水面近くと底付近では、流れの速さは違うからだ。

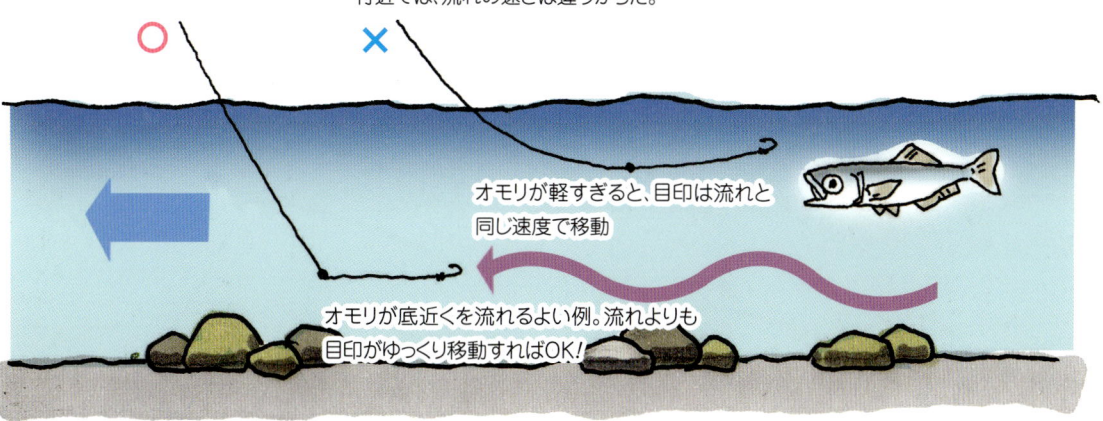

オモリが軽すぎると、目印は流れと同じ速度で移動

オモリが底近くを流れるよい例。流れよりも目印がゆっくり移動すればOK！

正確なタナのための目印

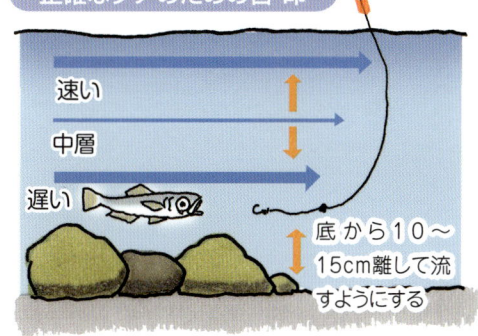

速い
中層
遅い

底から10〜15cm離して流すようにする

水深40cm以上の場合

ウキづりと違って、水中を自在につるミャクづりでは、タナを正確につかむことが即釣果につながる。水深が40cm以上ある場合、目印とオモリの間隔は水深よりも長めにしておくこと。目安としては、水面ギリギリに下の目印があるように調節。

エサの流し方

これは、オモリで底をなめるように流したときの理想的な穂先と目印の軌道を表したもの。例えば、沈ませすぎると根がかりの原因や、オモリで底を"コツコツ"とたたいてしまう。逆にそれを恐れてサオ先を上げてしまうと、ブレーキがかかってエサは浮いてしまう。

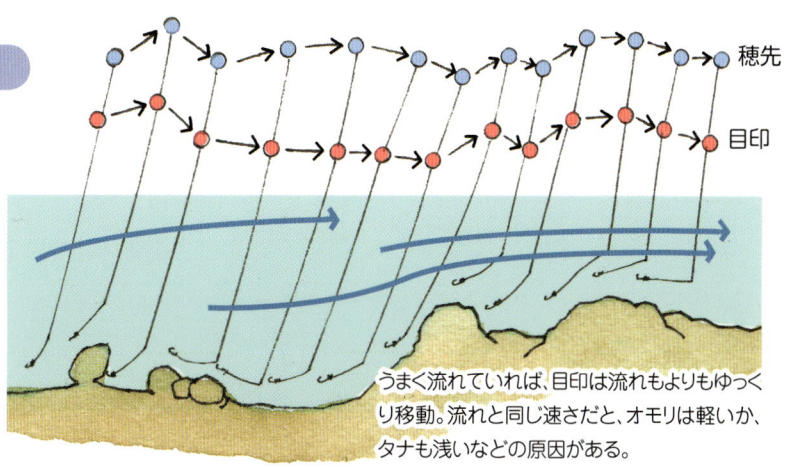

穂先
目印

うまく流れていれば、目印は流れよりもゆっくり移動。流れと同じ速さだと、オモリは軽いか、タナも浅いなどの原因がある。

PART4　管理つり場へ行こう

自然に流すということ

　エサを自然に流すことがヤマメやイワナつりの大原則になる。例えば、水面は穏やかに見えても、底近くにある石にぶつかると急に速くなり、それが石裏に移ると緩い巻きこみになるなど、流れはとどまることを知らない。

　これらをオモリの大小、そしてサオの操作によってカバーするのだが、このサオの操作こそがもっとも大切。流れよりも早いとエサの流れは不自然になり、逆に遅いとエサを引っ張る格好となり、タナよりも浮いてしまう。

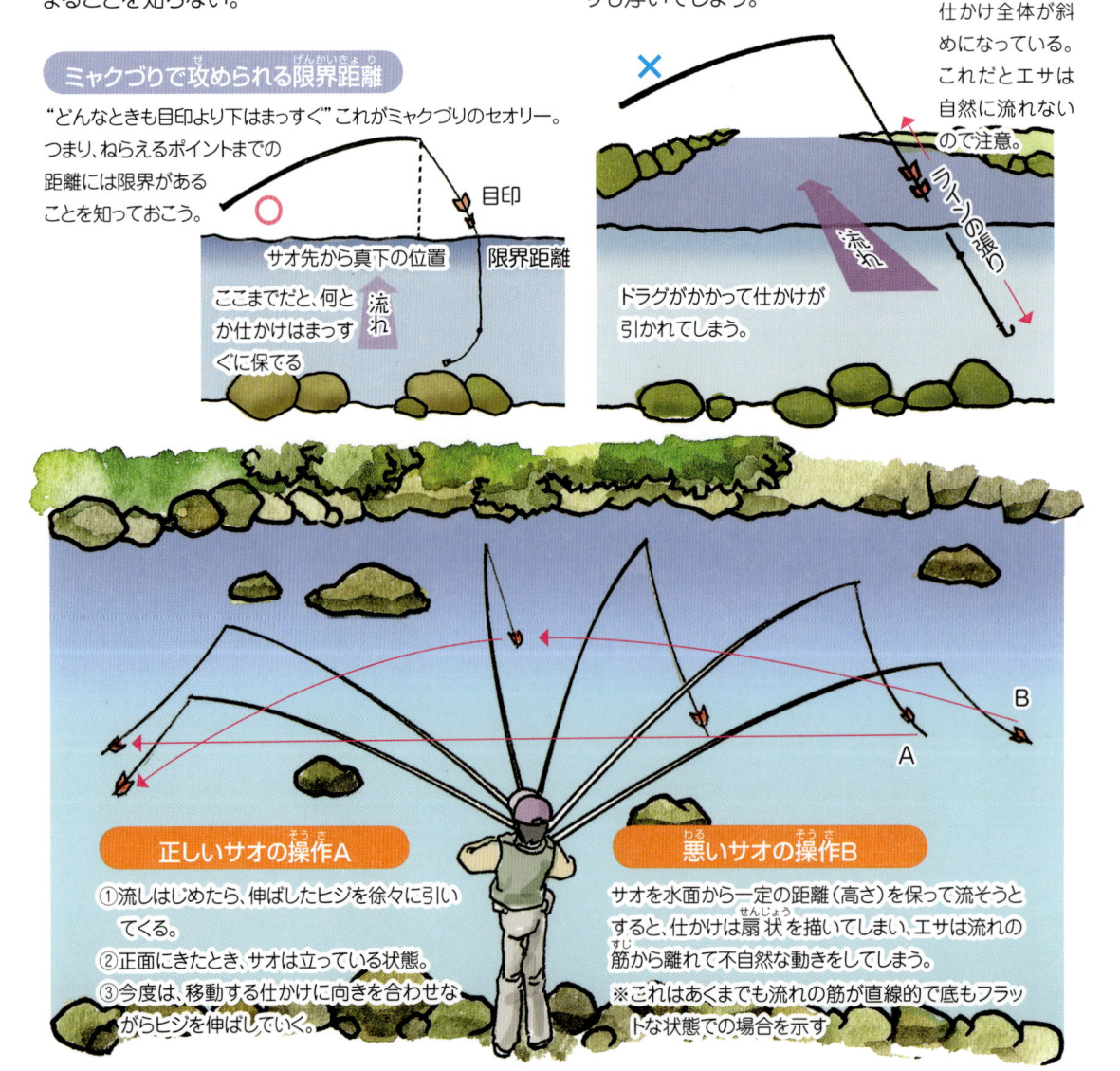

ミャクづりで攻められる限界距離

　"どんなときも目印より下はまっすぐ" これがミャクづりのセオリー。つまり、ねらえるポイントまでの距離には限界があることを知っておこう。

○ サオ先から真下の位置　目印　限界距離
ここまでだと、何とか仕掛けはまっすぐに保てる　流れ

× 仕掛け全体が斜めになっている。これだとエサは自然に流れないので注意。
ドラグがかかって仕掛けが引かれてしまう。　流れ　ラインの張り

正しいサオの操作A
①流しはじめたら、伸ばしたヒジを徐々に引いてくる。
②正面にきたとき、サオは立っている状態。
③今度は、移動する仕掛けに向きを合わせながらヒジを伸ばしていく。

悪いサオの操作B
サオを水面から一定の距離（高さ）を保って流そうとすると、仕掛けは扇状を描いてしまい、エサは流れの筋から離れて不自然な動きをしてしまう。
※これはあくまでも流れの筋が直線的で底もフラットな状態での場合を示す

■管理つり場の代表的ポイント"落ちこみ"

　このエリアは管理つり場だけでなく、里川を含む渓流づりの定石ともいえる場所だ。落ちこみから次の落ちこみまでという一つの区切りのなかに、いくつかのポイントが存在している。

　例えば、b1の流れは落ちこみを下ると左のソデで反転流となるが、b2とb3はそのまま下流へと流れていく。しかし、それも大岩のところで左右に分かれることとなる。してはいけないのが、右上流のポイントをさぐって食わなかったからといって、左上流のポイントへ引くというようにと、ジグザグに仕掛けをを引くことだ。必ず、そのポイントに流れ込んでいる水筋を見きわめて振りこむこと。

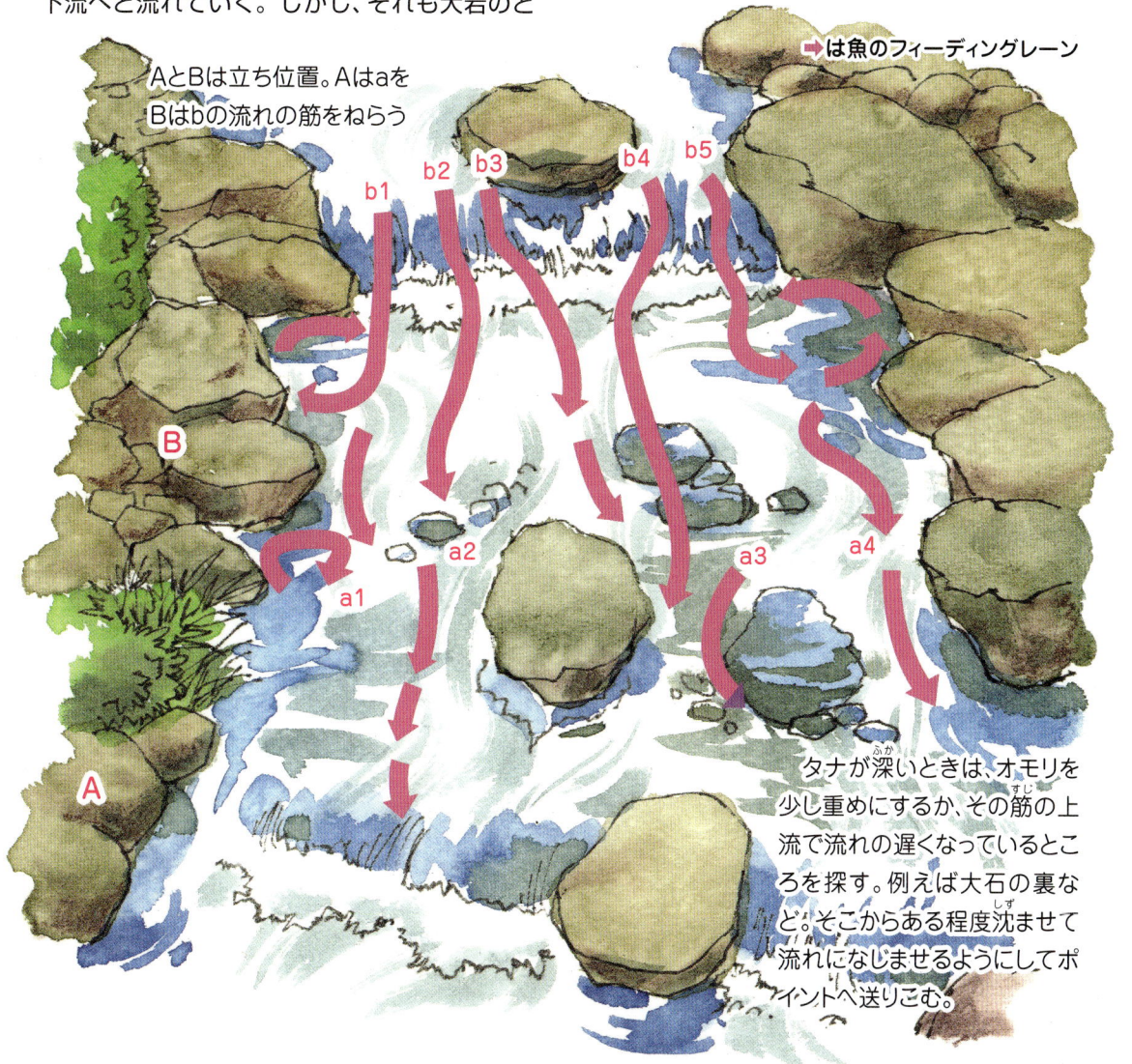

➡は魚のフィーディングレーン

AとBは立ち位置。AはaをBはbの流れの筋をねらう

タナが深いときは、オモリを少し重めにするか、その筋の上流で流れの遅くなっているところを探す。例えば大石の裏など。そこからある程度沈ませて流れになじませるようにしてポイントへ送りこむ。

PART4　管理つり場へ行こう

アタリとアワセについて

　アタリとは、魚がエサに食いついたときに伝わるもの。目印などの反応を視覚で確認したり、仕かけからサオに伝わる動きを手元で感じるものなどがある。

　これに対してアワセとは、アタリの後にハリを魚の口に刺す行為になる。このアワセこそがつりのひとつの真髄であり、もっともスリリングな瞬間である。

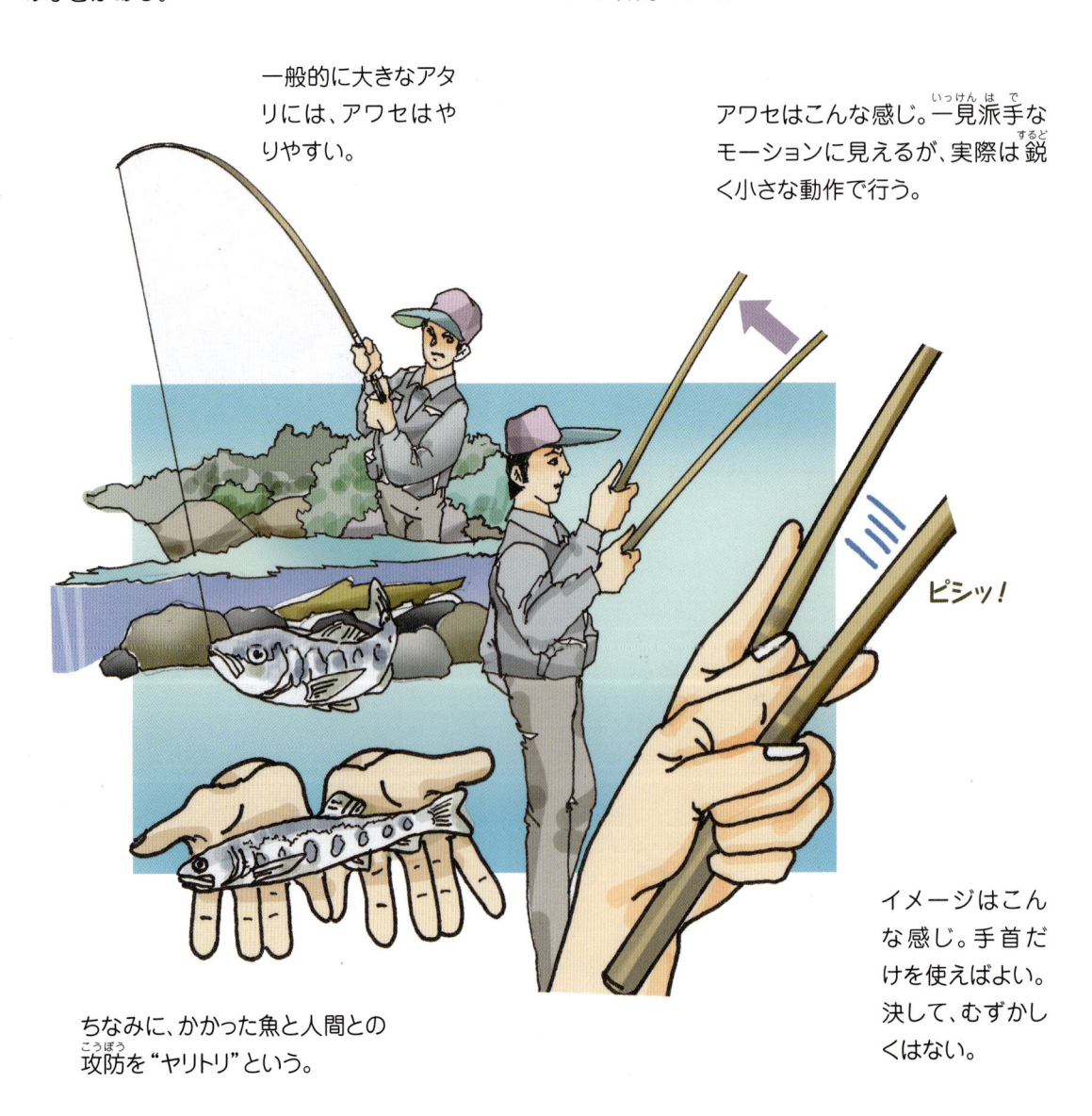

一般的に大きなアタリには、アワセはやりやすい。

アワセはこんな感じ。一見派手なモーションに見えるが、実際は鋭く小さな動作で行う。

ピシッ！

ちなみに、かかった魚と人間との攻防を"ヤリトリ"という。

イメージはこんな感じ。手首だけを使えばよい。決して、むずかしくはない。

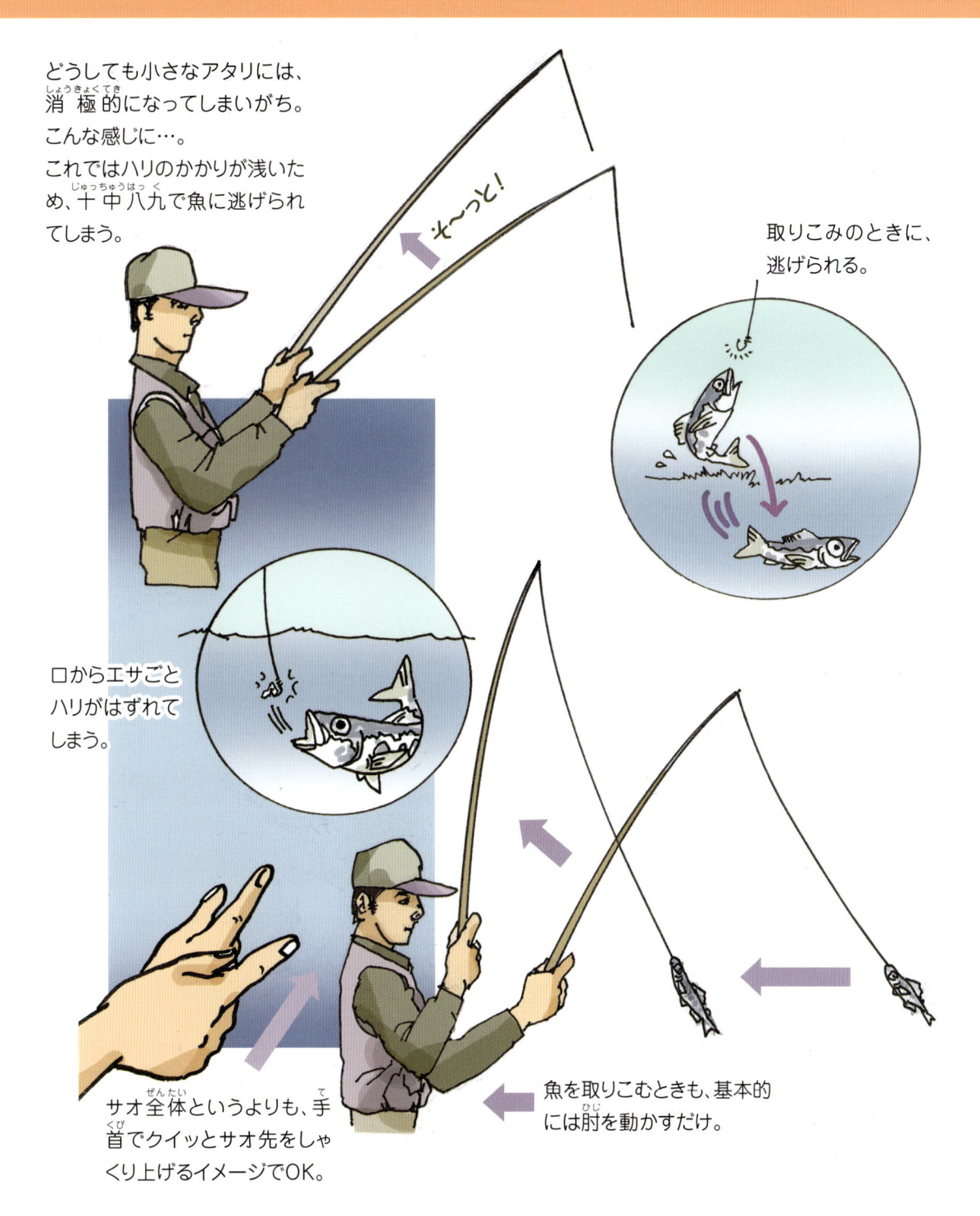

どうしても小さなアタリには、消極的になってしまいがち。こんな感じに…。
これではハリのかかりが浅いため、十中八九で魚に逃げられてしまう。

そ〜っと！

取りこみのときに、逃げられる。

口からエサごとハリがはずれてしまう。

サオ全体というよりも、手首でクイッとサオ先をしゃくり上げるイメージでOK。

魚を取りこむときも、基本的には肘を動かすだけ。

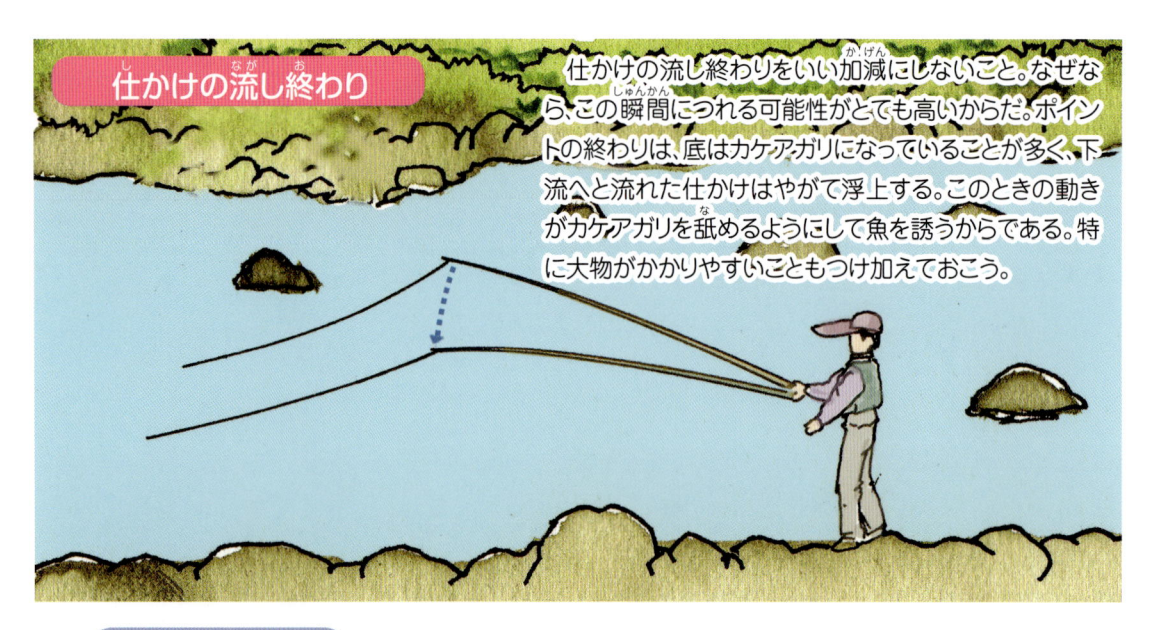

PART4 管理つり場へ行こう

仕かけの流し終わり

仕かけの流し終わりをいい加減にしないこと。なぜなら、この瞬間につれる可能性がとても高いからだ。ポイントの終わりは、底はカケアガリになっていることが多く、下流へと流れた仕かけはやがて浮上する。このときの動きがカケアガリを舐めるようにして魚を誘うからである。特に大物がかかりやすいこともつけ加えておこう。

アタリパターン①

これは典型的なアタリのパターン。比較的アワセやすい。

例① ツンツンツンツン
例② ビシッ!!
例③ ピタッ!

アタリパターン②

これはアワセが難しいとされるアタリ。大物にも多いパターンだ。

例① 糸を送りこむとアワセやすい。
例② 目印が動いたときがチャンス

取りこみについて

アワセがうまくいったら、魚を遊ばせずにできるだけ早く取りこむようにしなければならない。抵抗して暴れる魚の動きが他の魚の警戒心をあおるからである。魚が中・小型ならタイミング次第ですばやくぬき上げられるが、大物となるとそうはいかない。かかった魚は、深みの石影や流心に向かっていっきに走りだす。このときはサオの弾力を最大限に使い、下流の流れのゆるい場所へと遊動し、魚の頭だけを水面から出して空気を吸わせる。

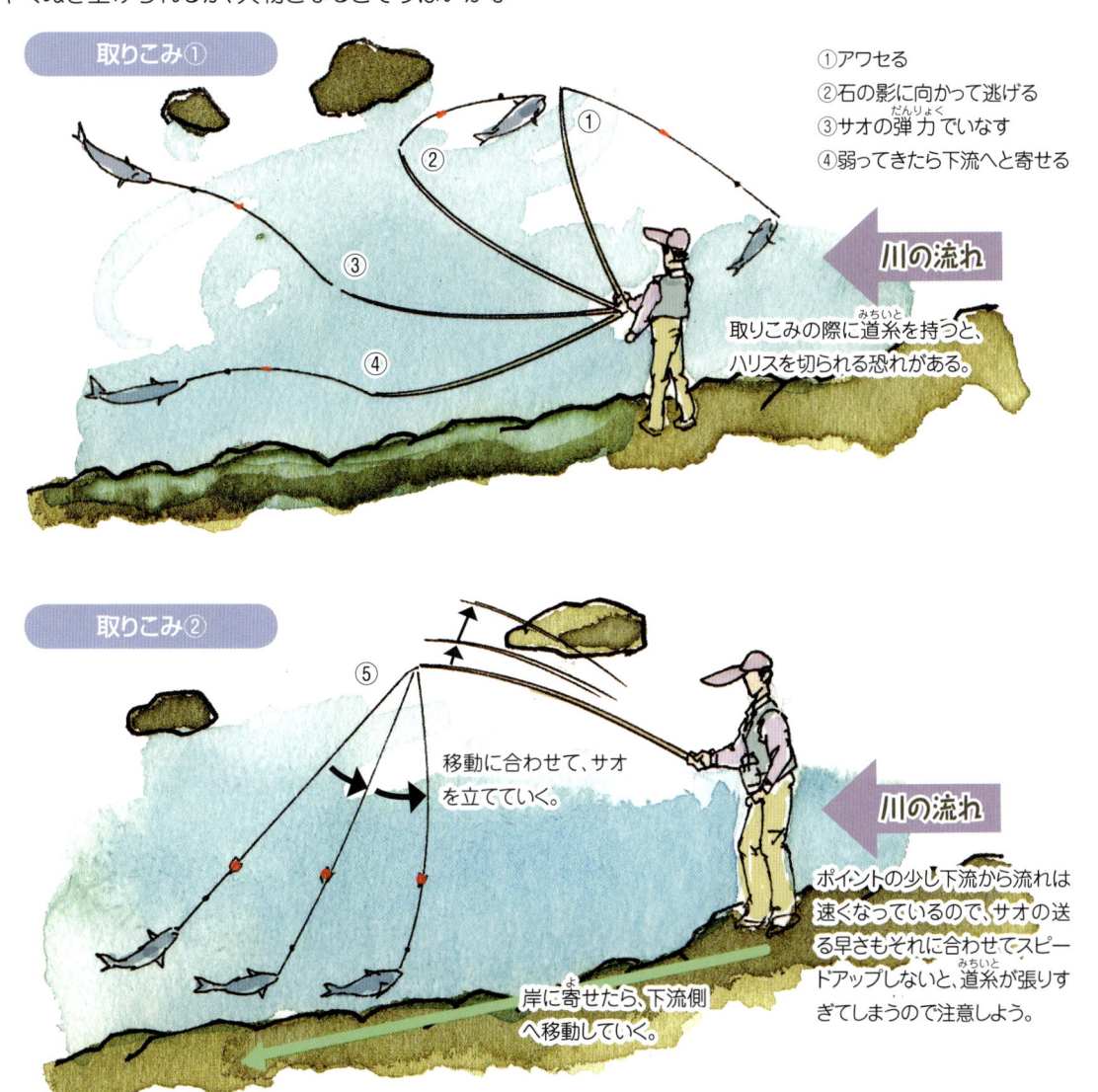

取りこみ①

①アワセる
②石の影に向かって逃げる
③サオの弾力でいなす
④弱ってきたら下流へと寄せる

川の流れ

取りこみの際に道糸を持つと、ハリスを切られる恐れがある。

取りこみ②

⑤移動に合わせて、サオを立てていく。

川の流れ

ポイントの少し下流から流れは速くなっているので、サオの送る早さもそれに合わせてスピードアップしないと、道糸が張りすぎてしまうので注意しよう。

岸に寄せたら、下流側へ移動していく。

PART4　管理つり場へ行こう

ルアーフィッシング徹底マスター

スタンスによって変わるキャストのパターン

　スタンスとは、ポイントに対する立ち位置を示す言葉だが、渓流など流れのあるフィールドでは、スタンスからのキャストが釣果を直接左右するのでとても重要になる。

　川の流れにおいて、キャストの方向が違うだけでルアーのアクションに対する影響もかなり違ってくるため、それぞれの特徴を理解しておかなければならない。

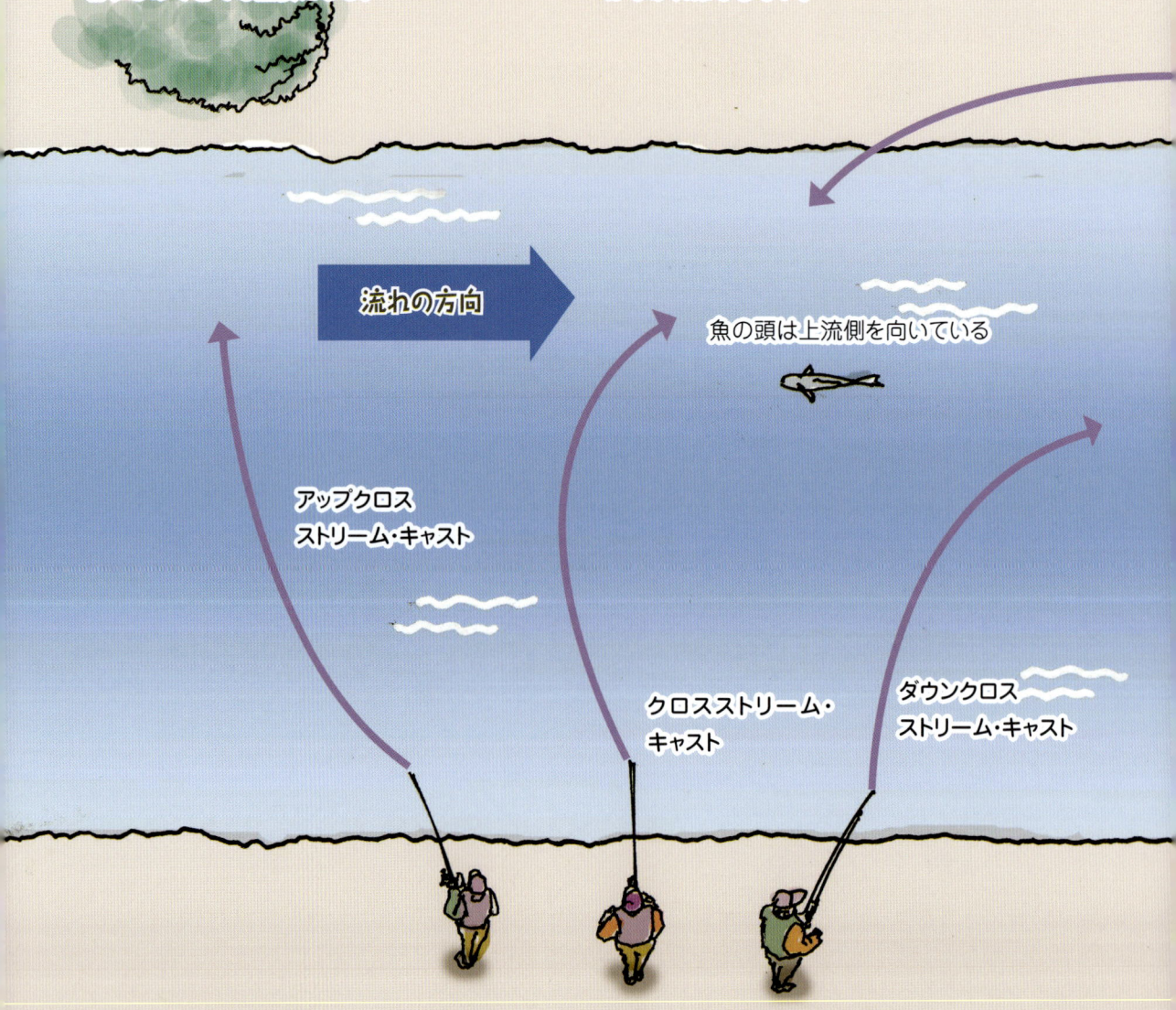

流れの方向

魚の頭は上流側を向いている

アップクロス
ストリーム・キャスト

クロスストリーム・
キャスト

ダウンクロス
ストリーム・キャスト

アップクロスストリーム・キャスト＝一般に渓流のつりでは遡行がベースになることと、魚の背後からのアプローチが有利なことから、このキャストパターンが基本となる。これはアップストリームにも共通しているが、上流側へキャストする場合、流れよりも速いスピードでリーリングしないと、ルアーは流れのなかを漂うだけでアクションはしてくれない。

ダウンクロスストリーム・キャスト＝アップストリームキャストとは逆に、常に流れの抵抗を意識しなければならない。これはリーリングの力が加わるため、そのスピードはアップ〜よりも遅くしないと、最悪は水面からルアーが飛びだしてしまうことになる。

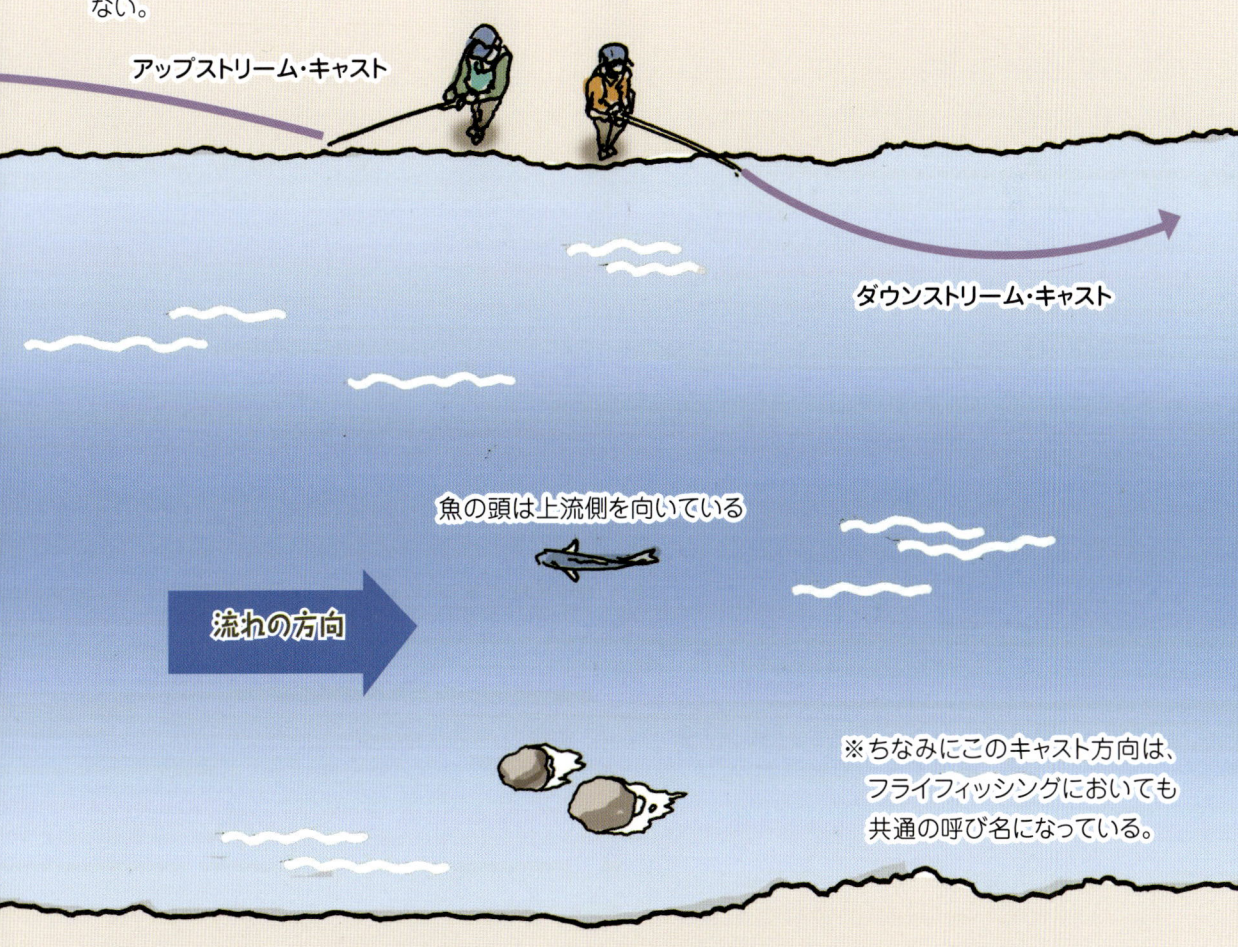

アップストリーム・キャスト

ダウンストリーム・キャスト

魚の頭は上流側を向いている

流れの方向

※ちなみにこのキャスト方向は、フライフィッシングにおいても共通の呼び名になっている。

クロスストリーム・キャスト＝これは途中までリーリングをせず、ルアーを流れにのせて魚を誘えるために他とは違うキャストパターンといえる。

85

PART4 管理つり場へ行こう

ダウンクロスストリームでの注意点

　アップクロスからのつりが基本と記したが、自然が相手なのでいつも基本通りとはいかない。そこにつりのおもしろさがあるわけだが、魚の正面に立つダウンストリームやダウンクロスの場合、ポイントに対するアプローチには細心の注意が必要になる。

　特に流れのなかを移動するとき、ジャブジャブと音と立てて歩くなど言語道断！　ルアーをキャストする以前に、すでに結果は出てしまっていると思っていいだろう。

アプローチの方法

ルアーの着水音は極力抑え、姿勢もヒザをつくなどして低い体勢を保つ。

ポイントを見定めたら、このようにかなり離れた所を選んで上流側へと回りこもう。

アクションのパターン（誘い方）

ルアーのアクションにおいて通称"タダ巻き"というのがある。これは読んで字のごとく、単にリーリングをするだけの操作でどのルアーにも使えるアクションだが、特にスピナーなどには有効な手段といえる。

その他にもっとも有効とされているのが、ストップ＆ゴーとトウィッチングの2つのアクション。管理つり場なのだから、いろいろな流れに対し、サオとリールの操作をあれこれ試してタイミングをつかんでしまおう。

ストップ＆ゴー

フローティングミノーなどに多用したいアクション。動かしているときと同様に止めているときもルアーの反応に注意すること。ユラユラと浮上するミノーの動きは効果絶大だからだ。

リールを巻く、止める、巻く、止めるをただ繰り返すだけのアクション。

トウィッチング

小魚の動きに一番近いとされるアクション。素早い動きと瞬間のポーズを連続させる。途中で"ヒラ打ち"をさせるとボディがきらめいて、さらに効果はアップする。

手首のスナップを効かせて、テンポよく小刻みに途切れることなく行う。

PART4　管理つり場へ行こう

アワセ

　初心者のつりにおいて、特に注意したのが"向こうアワセ"についてである。これはリーリングをしていると、ルアーに食いついた魚が勝手にハリにかかってしまうことを示している。しかし、これではハリのかかりは浅く、大抵はバレ（魚がハリから外れて逃げること）てしまう。たとえ明確なアタリではなくても、何らかの反応を感じたら、すぐにアワセられるように、たえずルアーの動きには集中していよう。

向こうアワセのパターン

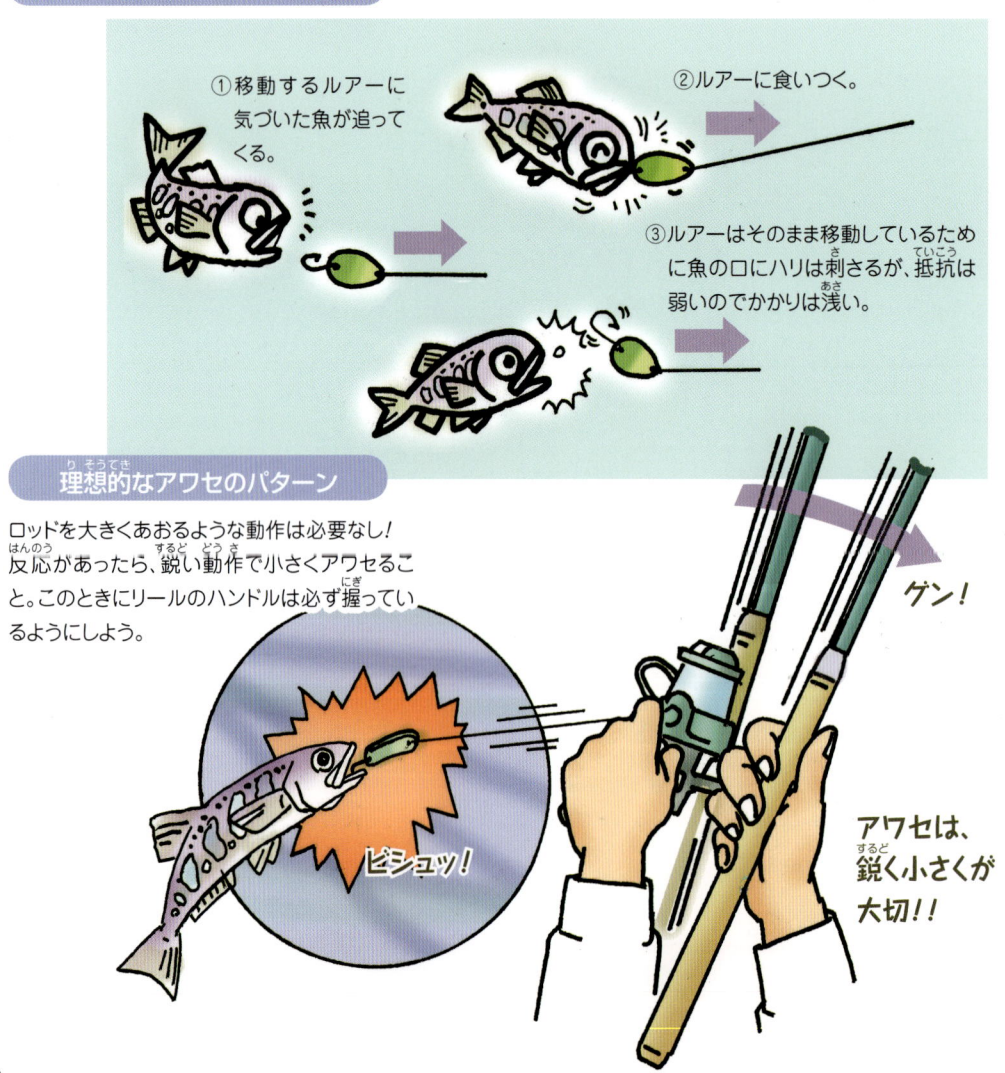

①移動するルアーに気づいた魚が追ってくる。

②ルアーに食いつく。

③ルアーはそのまま移動しているために魚の口にハリは刺さるが、抵抗は弱いのでかかりは浅い。

理想的なアワセのパターン

ロッドを大きくあおるような動作は必要なし！
反応があったら、鋭い動作で小さくアワセること。このときにリールのハンドルは必ず握っているようにしよう。

ビシュッ！

グン！

アワセは、鋭く小さくが大切！！

取りこみ

アワセが成功したら取りこみに入ろう。最初はあくまでもロッドのみを多用すること。ロッドを立てることで、その弾力は最大限に利用できる状態になる。

ロッドの先端とラインの角度はおよそ90°くらいが理想。

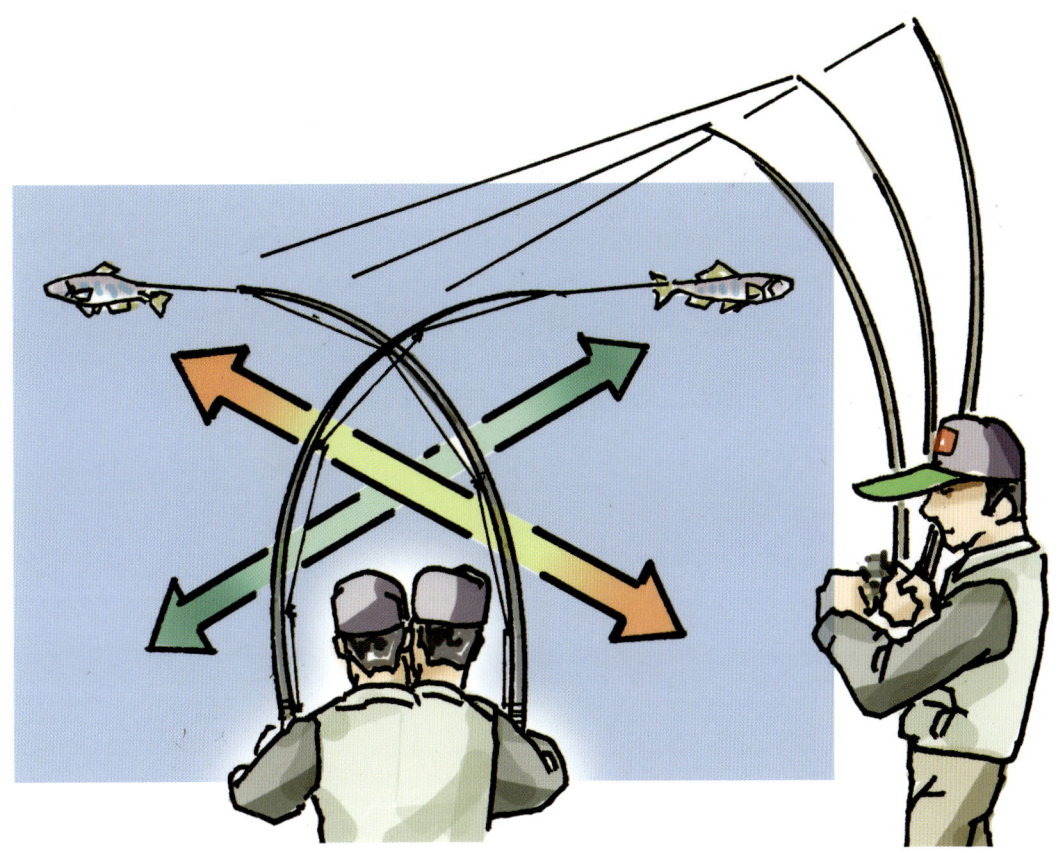

リールはヤリトリのときにたるんだラインを巻きとるか、最終的に弱った魚を寄せてくるときのみに使用する。つまり、ヤリトリとは魚を疲れさすのが目的なのである。

ロッドワークのコツ！

特に大物とのヤリトリにはこのロッドワークが必要だ。といっても簡単で、ロッドとラインの理想の角度を保ちながら、魚の走る方向とは逆側にロッドを寝かすだけで対処できる。

フライフィッシング徹底マスター

ドライフライのつり

"いかにして、より長く自然に流すか"が、ドライフライの重要なカギとなる。

ドライフライをキャストしたとき、水面上にはフライ、フライライン、リーダーとティペットが浮いた状態にある。最初は自然に水面上を流下していくⒶが、しばらくすると、より抵抗のかかるフライラインは下流側へと押しやられてしまい、フライも引っ張られてしまうⒷ。この状態では、警戒心の強い魚たちが口を使うことはないだろう。

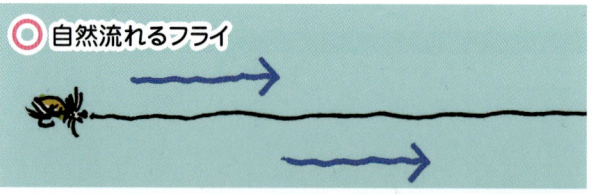

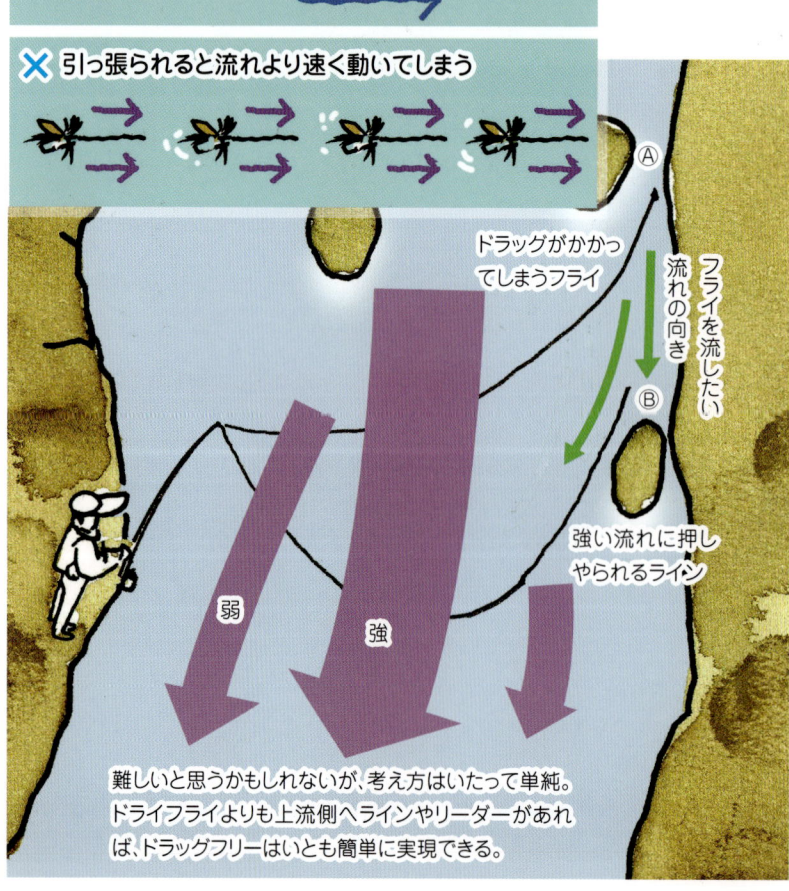

ドラッグフリーとは？

ラインに引かれるフライの動きはとても不自然になり、これを「ドラッグがかかる」という。魚に口を使わせるためには、このドラッグをいかに回避するか。つまり、ドラッグフリーのためのテクニックが必要なのだ。

○ 自然流れるフライ

× 引っ張られると流れより速く動いてしまう

ドラッグがかかってしまうフライ

フライを流したい流れの向き

強い流れに押しやられるライン

弱　強

難しいと思うかもしれないが、考え方はいたって単純。ドライフライよりも上流側へラインやリーダーがあれば、ドラッグフリーはいとも簡単に実現できる。

ドラッグフリーを可能にするテクニック①

サイドとバックハンドキャスト

これは川の右岸と左岸によって、サイドとバックハンドキャストを使い分ける方法。どちらもロッドを寝かしてのフォルスキャストと思えばいい。そして、ターンオーバーする前にラインごと着水させる。

サイドキャスト

基本的はバックと同じ。どちらも、ワイドループを作るようにゆっくりロッドを操作しよう。

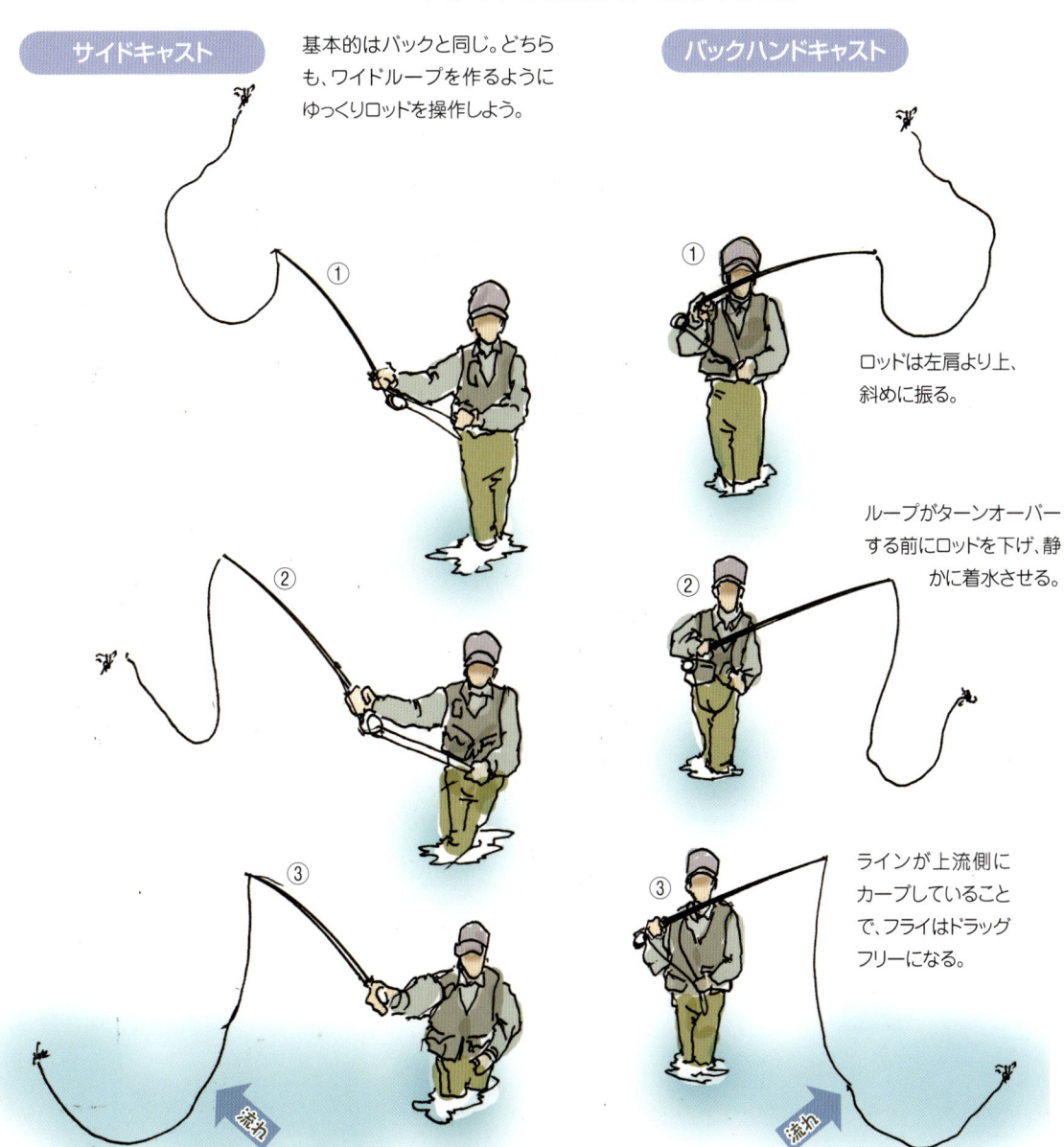

バックハンドキャスト

ロッドは左肩より上、斜めに振る。

ループがターンオーバーする前にロッドを下げ、静かに着水させる。

ラインが上流側にカーブしていることで、フライはドラッグフリーになる。

ドラッグフリーを可能にするテクニック②

リーチキャスト　これはトリックキャストと呼ばれるもののひとつ。アップクロスやダウンクロスからのキャストに有効で、キャストの最後に上流側へロッドを倒すことで、フライを先行させて流せる。比較的簡単にできる。

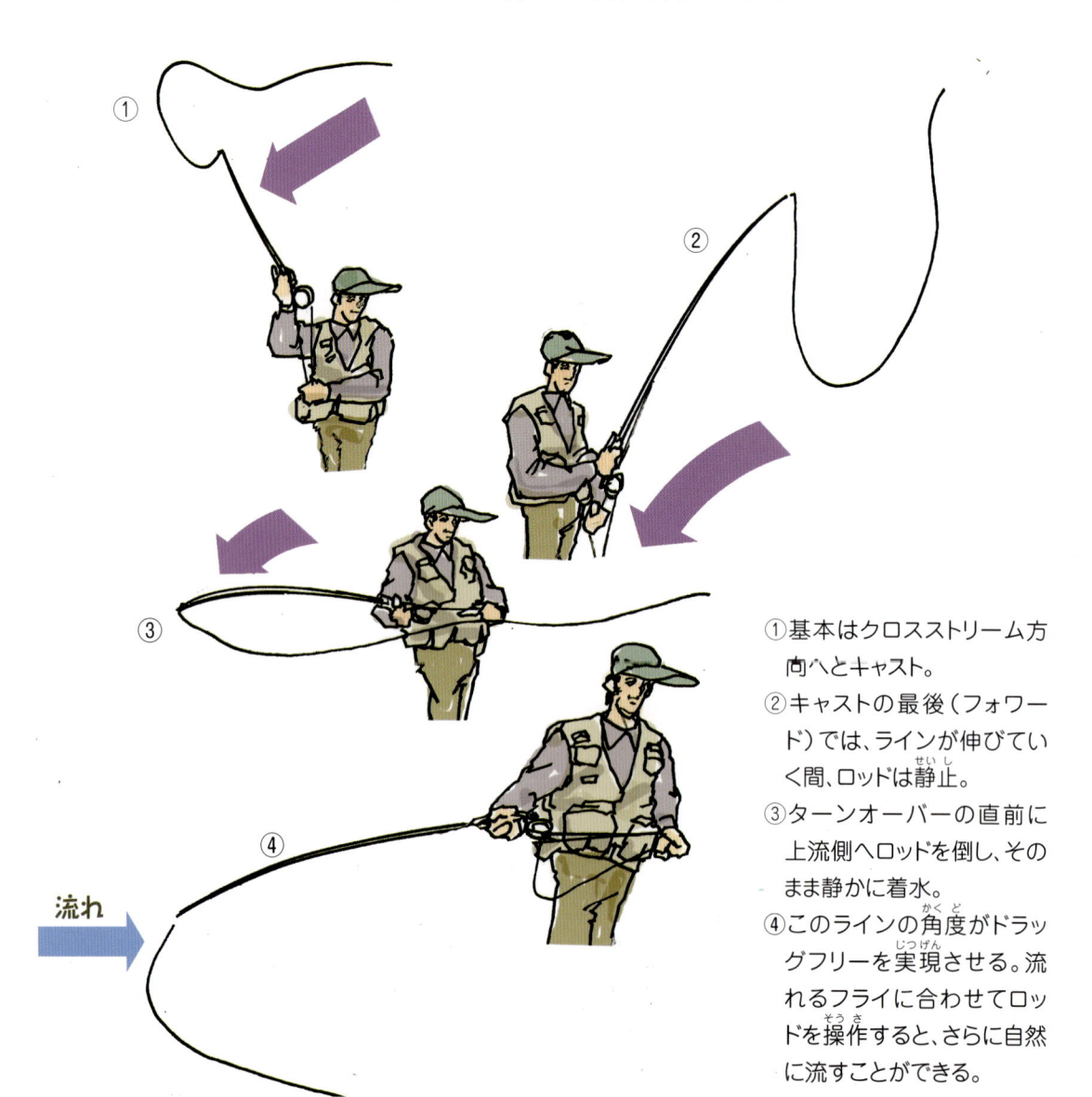

①基本はクロスストリーム方向へとキャスト。
②キャストの最後（フォワード）では、ラインが伸びていく間、ロッドは静止。
③ターンオーバーの直前に上流側へロッドを倒し、そのまま静かに着水。
④このラインの角度がドラッグフリーを実現させる。流れるフライに合わせてロッドを操作すると、さらに自然に流すことができる。

流れ

ドラッグフリーを可能にするテクニック③

メンディング

ドラッグフリーを可能にするテクニック①と②（91ページ・92ページ）はキャストによるものだが、これはキャスト後に行うもの。上流側にあったラインもやがては下流側にたるんでしまう。このたるみをロッドの操作によって、再び上流側へと戻してしまう方法である。

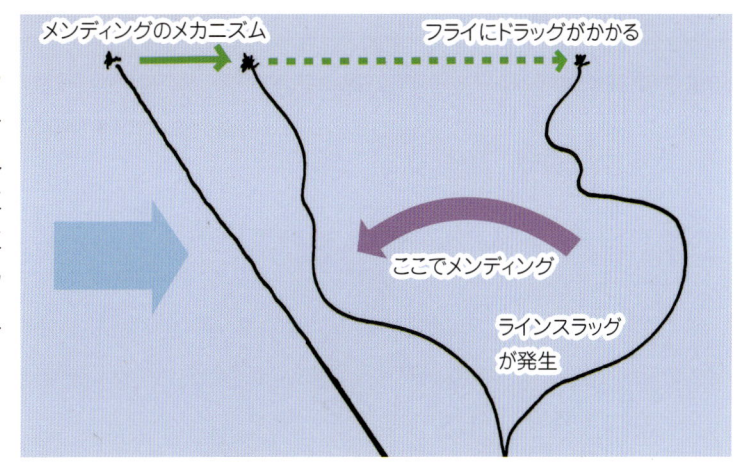

メンディングのメカニズム　　フライにドラッグがかかる

ここでメンディング

ラインスラッグが発生

① 下流側にラインスラッグ（たるみ）ができてしまう。

② 手首のスナップを使って、ラインのたるみを上流側へ向ける。

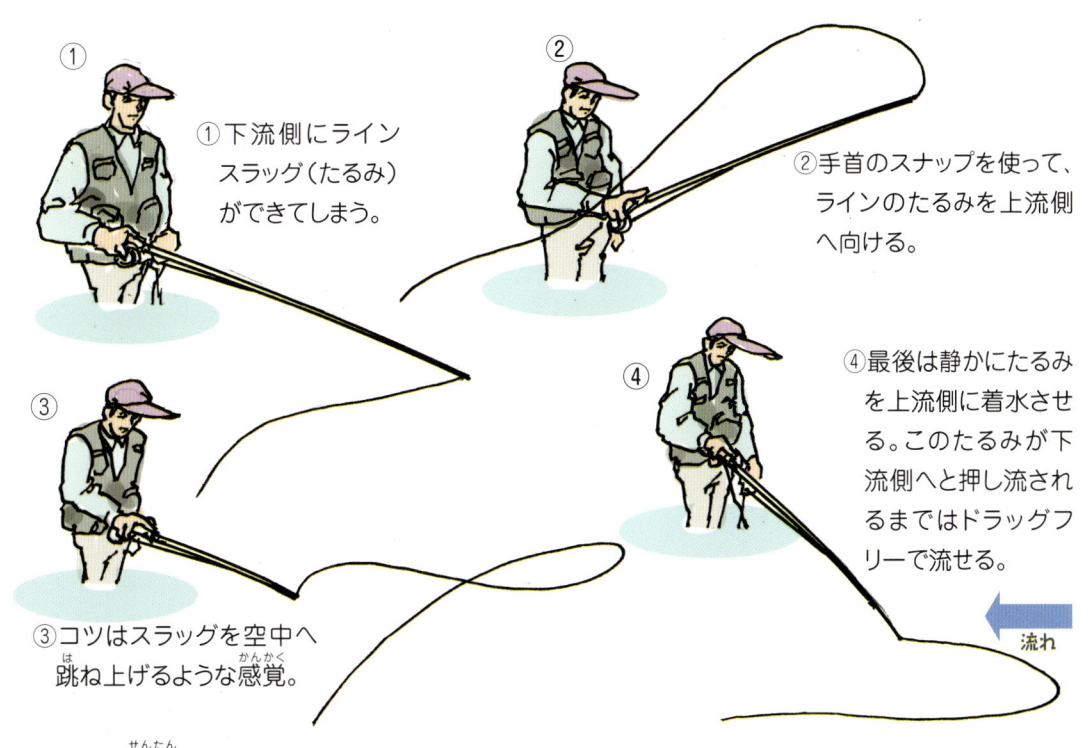

③ コツはスラッグを空中へ跳ね上げるような感覚。

④ 最後は静かにたるみを上流側に着水させる。このたるみが下流側へと押し流されるまではドラッグフリーで流せる。

流れ

※リーダーの先端にあるフライが動いてしまうようなメンディングは間違い。手首と腕のタイミングをつかもう。

PART4 管理つり場へ行こう

ニンフのつり

この場合のニンフとはニンフだけでなく、ラーバやピューパなど水生昆虫の幼虫期などを使った水面下のつりになる。ライズ（水面に見れる魚の捕食行動）がなかったり、増水によって水が濁っているときなど、ドライフライのつりに向かないときに有効な方法。

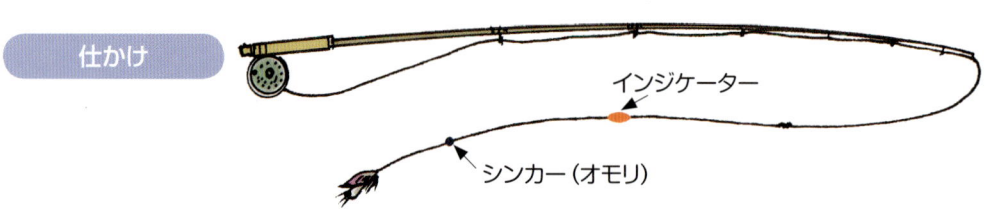

仕かけ

インジケーター

シンカー（オモリ）

ルースニング

これはいわゆるエサでのウキつりに近いつり方。インジケーターをウキに見立てて、流れに乗せて流してつる。このときに大切なのは、必ずインジケーターをフライよりも先行させて流すということ。

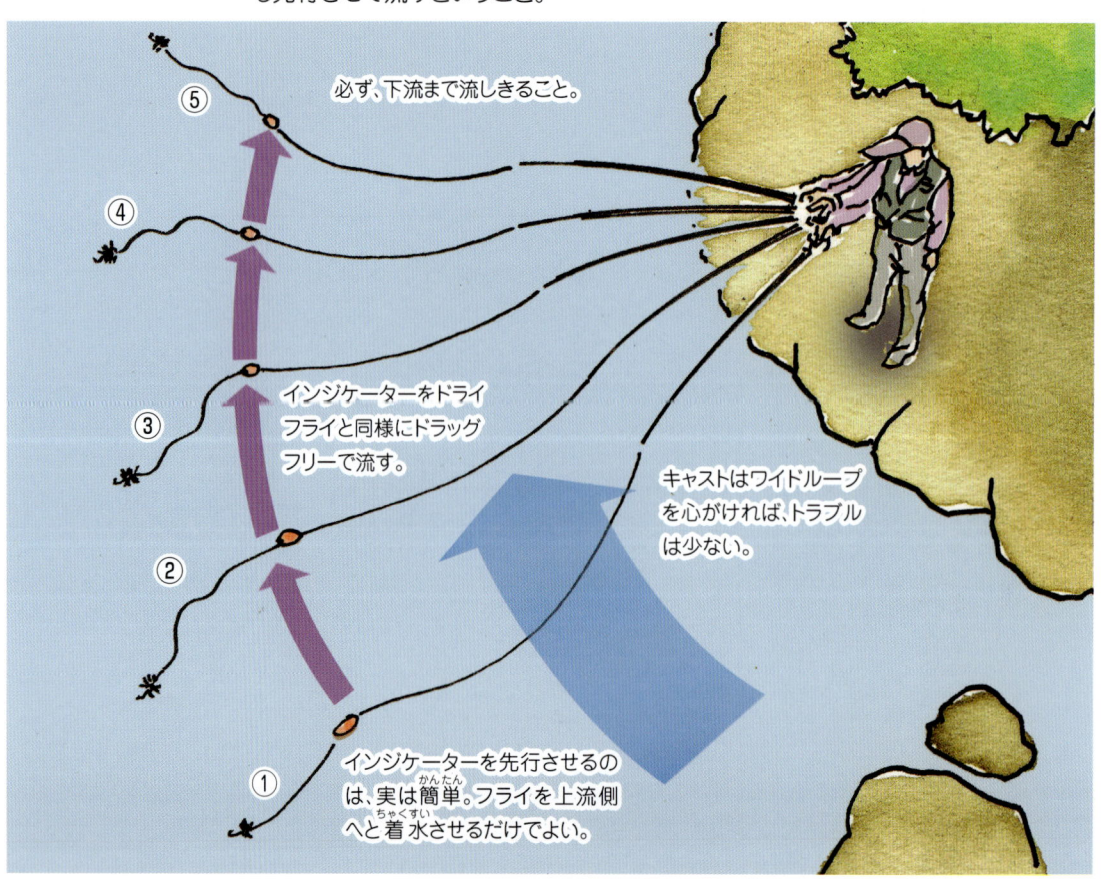

必ず、下流まで流しきること。

⑤
④
③ インジケーターをドライフライと同様にドラッグフリーで流す。
②
① インジケーターを先行させるのは、実は簡単。フライを上流側へと着水させるだけでよい。

キャストはワイドループを心がければ、トラブルは少ない。

インジケーターを先行させる理由

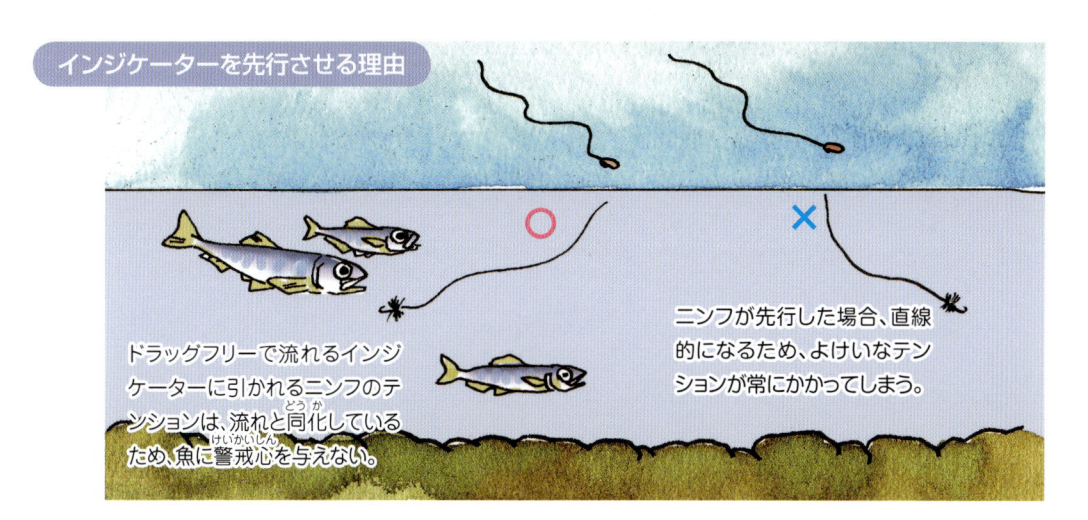

ドラッグフリーで流れるインジケーターに引かれるニンフのテンションは、流れと同化しているため、魚に警戒心を与えない。

ニンフが先行した場合、直線的になるため、よけいなテンションが常にかかってしまう。

アウトリガー

これはミャクづりに近いつり。ルースニングは中層あたりにいる魚をねらったつり方だが、このアウトリガーは、重めのシンカーを使って、底に潜む魚の口へダイレクトにフライを送りこむつり方だ。

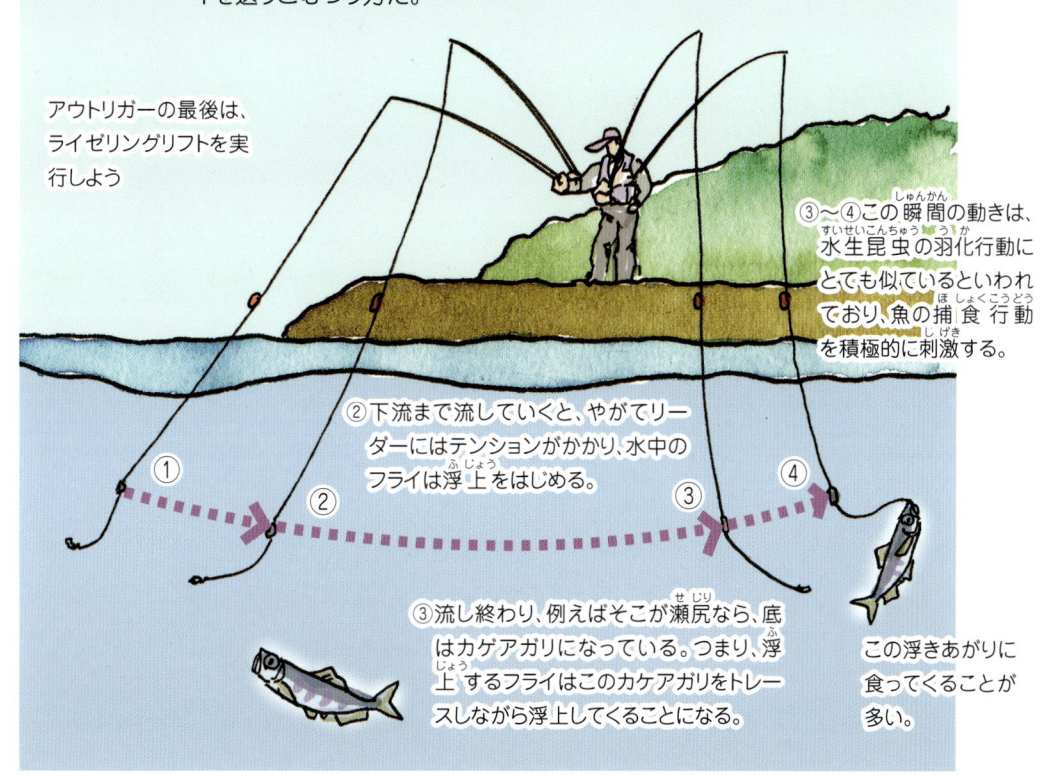

アウトリガーの最後は、ライゼリングリフトを実行しよう

③〜④この瞬間の動きは、水生昆虫の羽化行動にとても似ているといわれており、魚の捕食行動を積極的に刺激する。

②下流まで流していくと、やがてリーダーにはテンションがかかり、水中のフライは浮上をはじめる。

③流し終わり、例えばそこが瀬尻なら、底はカケアガリになっている。つまり、浮上するフライはこのカケアガリをトレースしながら浮上してくることになる。

この浮きあがりに食ってくることが多い。

PART4　管理つり場へ行こう

ウエットフライのつり

流れが急だったり、あまりにも複雑なときはドラッグフリーのつりにさっさと見切りをつけてしまうのも手だ。それにそんな流れではエサが浮いていること自体、不自然かもしれない。

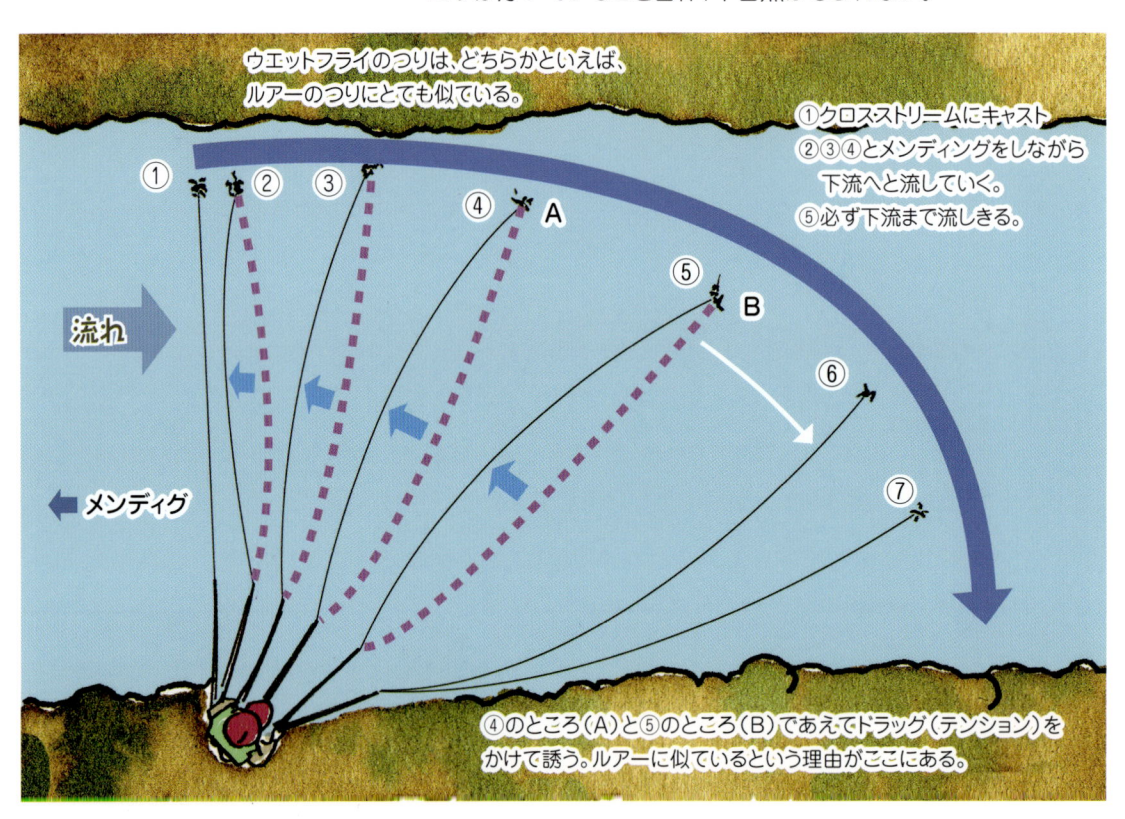

ウエットフライのつりは、どちらかといえば、ルアーのつりにとても似ている。

①クロスストリームにキャスト
②③④とメンディングをしながら下流へと流していく。
⑤必ず下流まで流しきる。

流れ

メンディグ

④のところ（A）と⑤のところ（B）であえてドラッグ（テンション）をかけて誘う。ルアーに似ているという理由がここにある。

縦のスイング

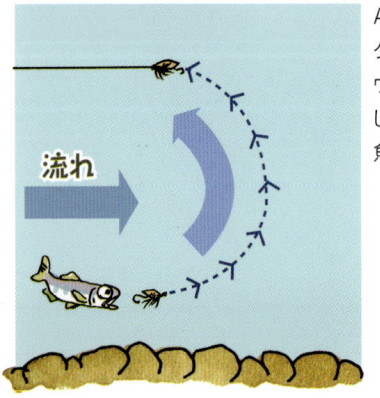

Aポジションでドラッグをかけると水中のウエットは浮上をはじめる。この動きが魚を誘う。

横のスイング

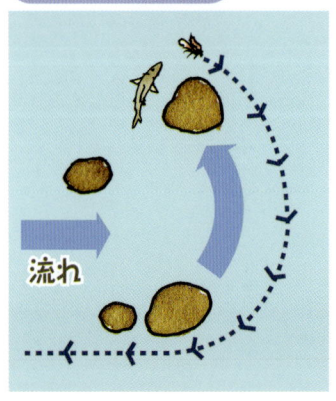

Bでドラッグをかけると、フライは流れのなかをターンする。このトリッキーな動きはルアーのそれである。

PART5

いざ、里川へヤマメ・イワナに会いに行こう

PART5　いざ、里川へヤマメ・イワナに会いに行こう

■ポイントについて知ろう

そんなには難しくなかった管理つり場でのポイント選びも、いざ里川に出てみると、そうは簡単でないことに気づく。渓流の下流域とはいっても、そこにいるヤマメやイワナは、自然の状態の変化に合わせてポイントをめまぐるしく変えている。そこで、ここではその自然のなかからポイントを選びだすヒントの見つけ方やつりのコツを解説していこう。

■食物連鎖とポイントの関係

すべて自然界は、食物連鎖によってなりたっているが、ヤマメやイワナのすむ渓流ではこの食物連鎖がどのようになっているかを理解することも、ポイントを知るのには必要だ。

食物連鎖の一端は、植物プランクトンからはじまる。川のなかに溶けこんでいる養分を吸収し、太陽光線のエネルギーで光合成をしながら増殖する。この植物プランクトンを、それより大きい動物プランクトンが食べて繁殖し、その動物プランクトンが、稚魚や小魚のエサとなる。やがて成長した魚は、さらなる栄養源として水生昆虫などを主食にする。

反転流（うず）とプランクトン

反転流は水を攪拌させる効果があるため、プランクトンが繁殖しやすい。

小魚　稚魚　大型魚

稚魚や小魚がプランクトンを食べに集まり、その魚たちをねらって大物も寄ってくる。

里川の食物連鎖

太陽光線

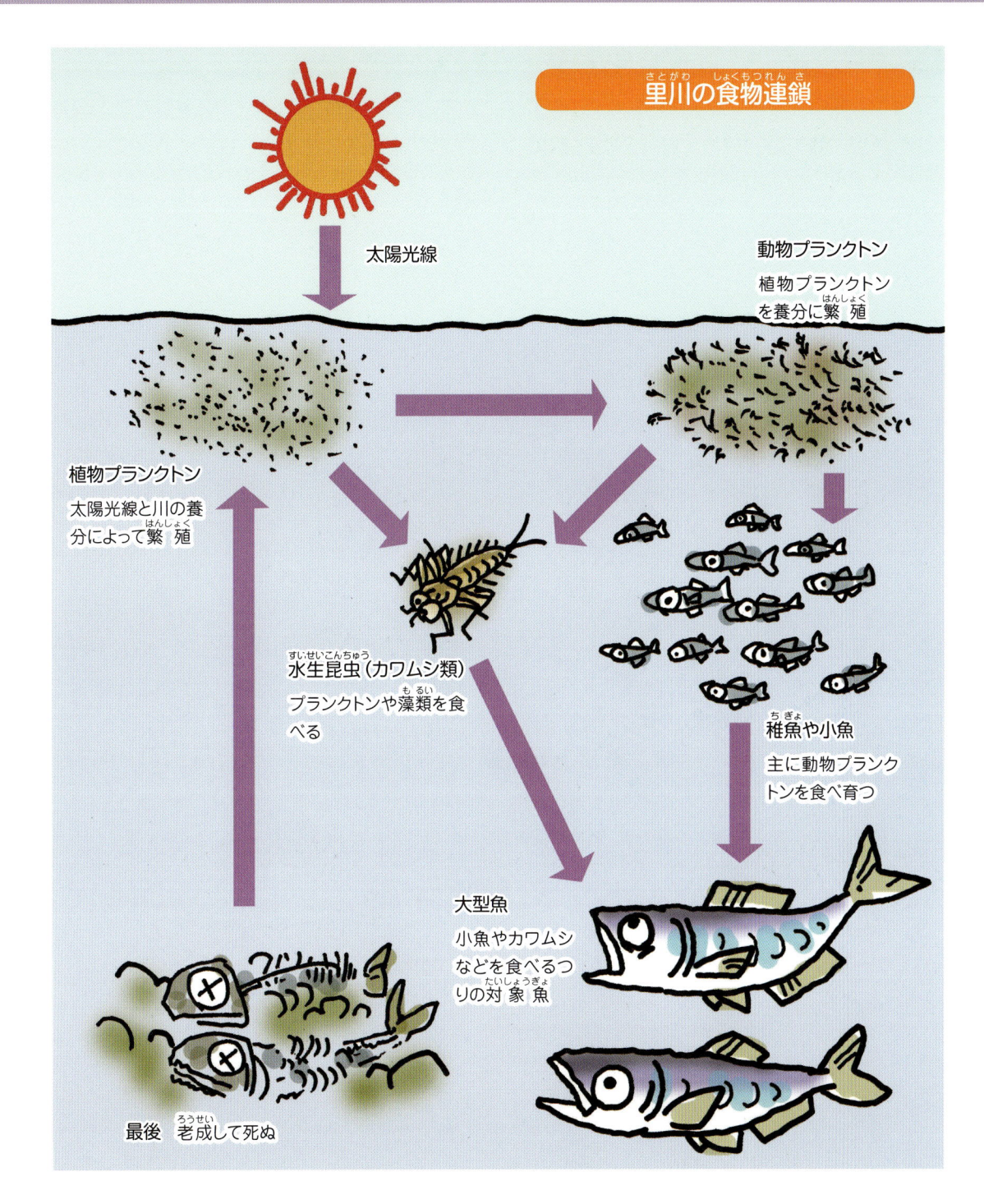

動物プランクトン
植物プランクトンを養分に繁殖

植物プランクトン
太陽光線と川の養分によって繁殖

水生昆虫（カワムシ類）
プランクトンや藻類を食べる

稚魚や小魚
主に動物プランクトンを食べ育つ

大型魚
小魚やカワムシなどを食べるつりの対象魚

最後　老成して死ぬ

PART5　いざ、里川へヤマメ・イワナに会いに行こう

■流れにラインを思い描いてみる

　ラインを描く、これはいわばシュミレーションであり、流れにポイントを発見することに通じている。流れを上層、中層、下層と分けると、魚は環境の変化によってそれぞれの層に定位している。

　例えば、雪代（雪がとけてできた水）による水温低下や濁りになると、魚は下層の比較的水温の安定したところへ定位するし、夏の高水温では上層の木々の陰などへ移動する。つまり、流れさえ読むことができれば、後は環境を考慮すれば、魚のすむ層にねらいを定めやすくなる。当然、最初は間違っていい。なぜならラインをシュミレーションしないことには、正解も何もわからないままになってしまう。

カーブしている流れに描いたライン

まずは流れ全体に大まかなラインを描いてみる

落ちこみのなかに描いたライン

目で見える流れだけでなく、エゴや底石付近で流れがどう変化しているのかも想像する

大岩に描いたライン

■エサの集まる流れ

　ポイントを探す場合、決め手はやはりエサの集まりやすい場所になる。渓流にすむ魚にとって、メインデッシュは何といっても水生昆虫だろう。幼虫期は主に石裏で過ごすが流されやすく、成虫でも飛ぶ力は弱く、風が少しでも吹くと水面に落ちて流れに運ばれてしまう。このように流れにのったエサが集まりやすいのは、流れのなかにできたうずである。

エサの集まるメカニズム

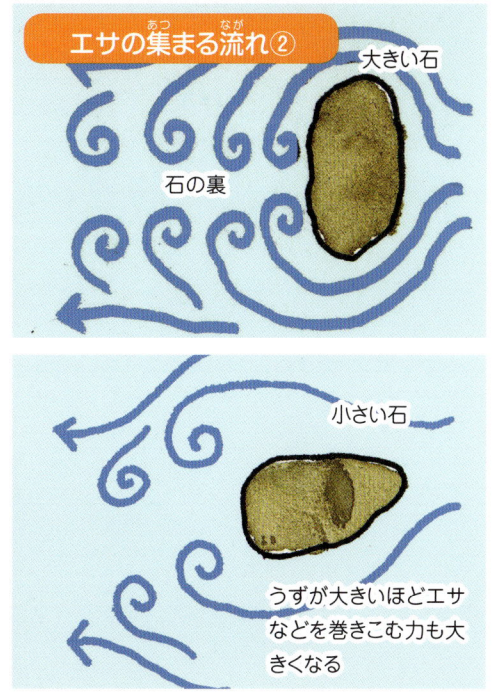

上流
自然に流れてくる
流れに運ばれてきたエサはうずに留まり、結果、次から次へとエサは集まる
巻きこまれている間は、ここに留まる

エサの集まる流れ①

落ちこみなどの両脇にできる反転流

エサの集まる流れ②

大きい石
石の裏

小さい石
うずが大きいほどエサなどを巻きこむ力も大きくなる

PART5　いざ、里川へヤマメ・イワナに会いに行こう

■魚の集まるところ

　前述した"効率のよい－"といった意味には、定位しやすかったり、身を隠せたりできるということにも通じている。
　瀬を例に見てみよう。一見すると、変化にとぼしいためか、流心（流れの中心）に多くの魚が集まっているように思うかもしれない。しかし、流れの強い流心は定位しにくく、ここに魚はいない。こんな場所では、両岸、つまり底からのカケアガリに好んで定位するのである。

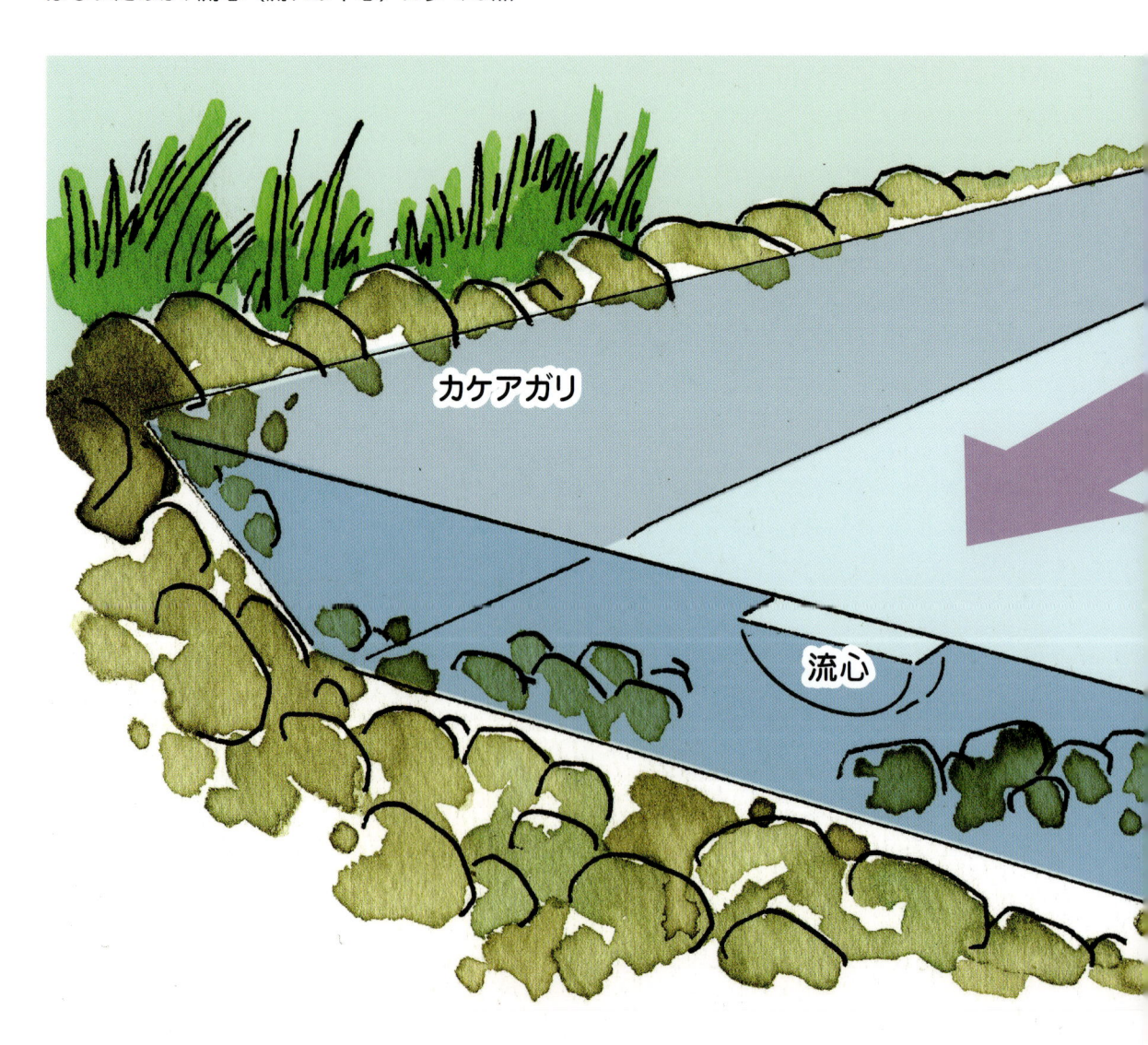

川の断面図

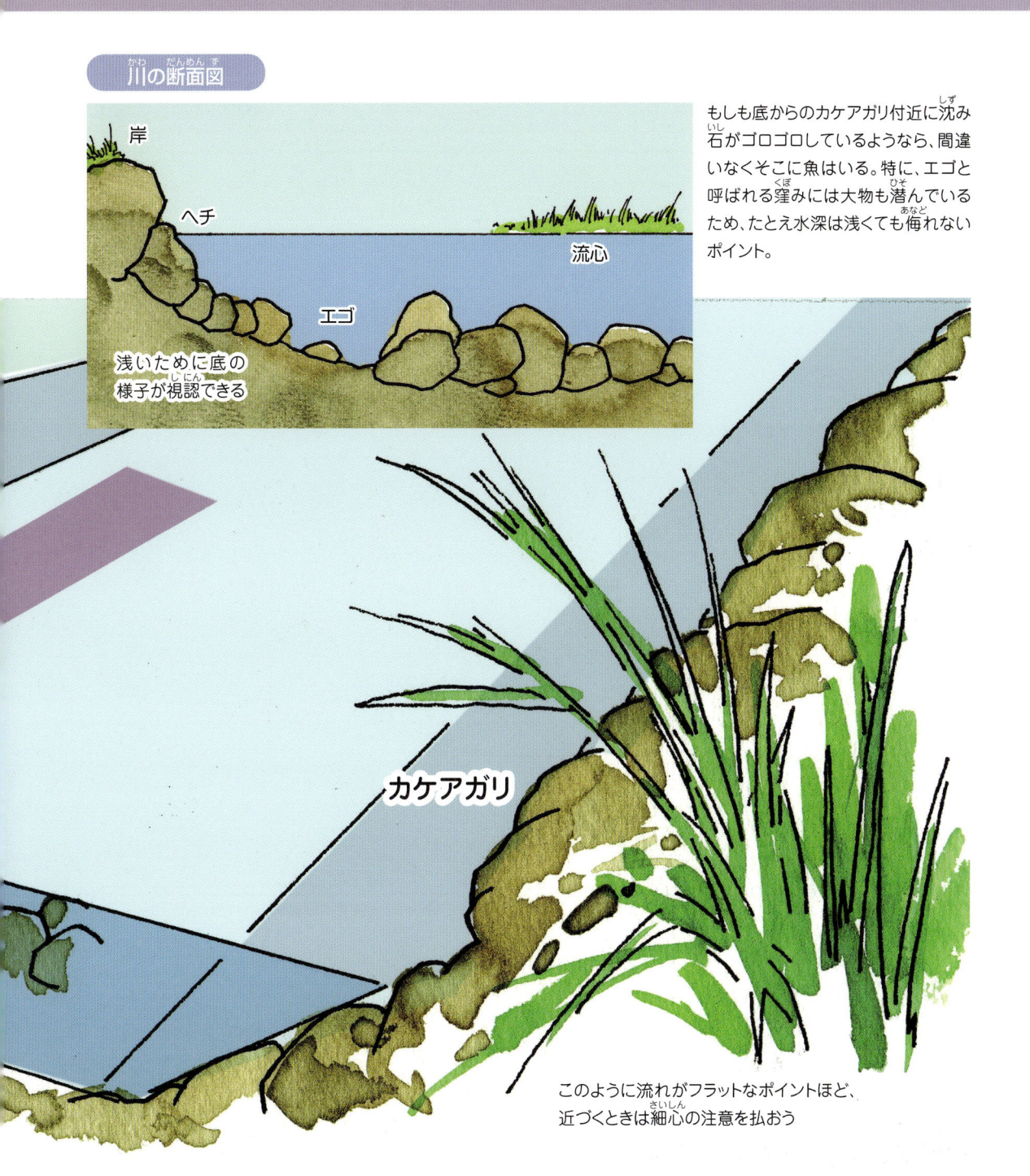

岸
ヘチ
流心
エゴ

浅いために底の様子が視認できる

もしも底からのカケアガリ付近に沈み石がゴロゴロしているようなら、間違いなくそこに魚はいる。特に、エゴと呼ばれる窪みには大物も潜んでいるため、たとえ水深は浅くても侮れないポイント。

カケアガリ

このように流れがフラットなポイントほど、近づくときは細心の注意を払おう。

PART5　いざ、里川へヤマメ・イワナに会いに行こう

■里川のチェックしたい6つのポイント

堰堤（大）

　つりに夢中になって、ただただ流れだけに集中していると、とつじょ現れるこの巨大なナタを振り下ろしたような人工物にギョッとさせられることがある。辺りを見回せば、森は消え、民家があったりする。堰堤は、そこが里川だと教えてくれる存在でもあるのだ。

　大きい堰堤の場合、魚道がなければここに魚がたまっていると考えていい。つり人の手が入りやすいためにスレている傾向がある一方、一発大物をねらえるポイントでもある。日陰になっていたり、マズメ時（特にタマズメ）などの好条件のときは、どっしり腰を落ちつけて攻めてみたくなるポイントだ。

← フライ、ミャクづりのライン
← ルアーのライン

堰堤下がそのまま川底になっている場合の断面図

まるでサイダーのような白い泡は魚を集めるだけでなく、ブラインドとなってつり人の存在をかき消してもくれる。

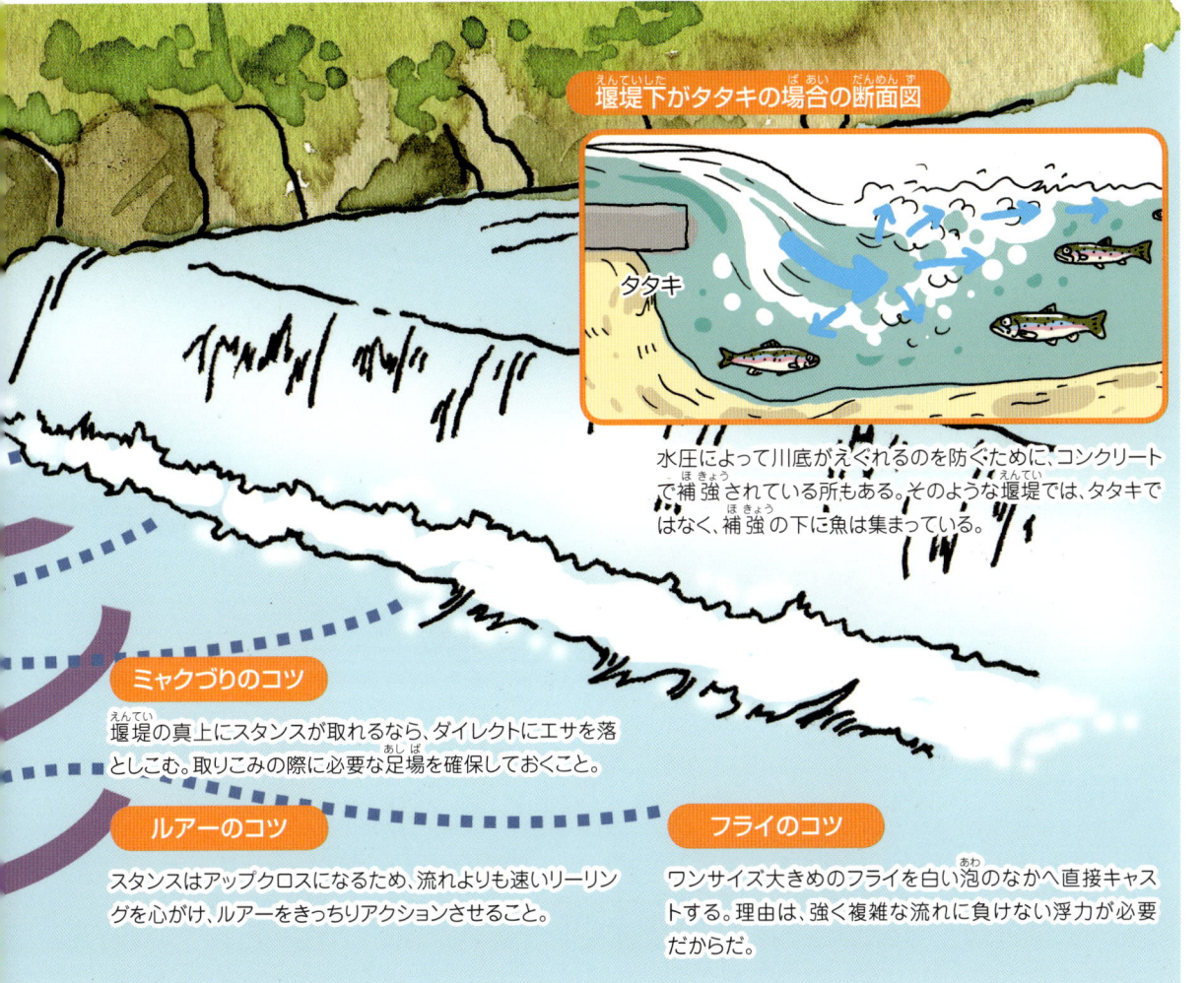

堰堤下がタタキの場合の断面図

水圧によって川底がえぐれるのを防ぐために、コンクリートで補強されている所もある。そのような堰堤では、タタキではなく、補強の下に魚は集まっている。

ミャクづりのコツ

堰堤の真上にスタンスが取れるなら、ダイレクトにエサを落としこむ。取りこみの際に必要な足場を確保しておくこと。

ルアーのコツ

スタンスはアップクロスになるため、流れよりも速いリーリングを心がけ、ルアーをきっちりアクションさせること。

フライのコツ

ワンサイズ大きめのフライを白い泡のなかへ直接キャストする。理由は、強く複雑な流れに負けない浮力が必要だからだ。

PART5 いざ、里川へヤマメ・イワナに会いに行こう

堰堤（小）

　農業用水のための取水口がある堰などは、造りが低いために魚がたくさんたまることはないが、それでもここは、移動する魚にとっては中継地点になる。堰堤（大）ほど固執はしないが必ず攻めてみよう。またポイントに近づきやすいため、どの釣法でもつりやすい。

ルアーのコツ

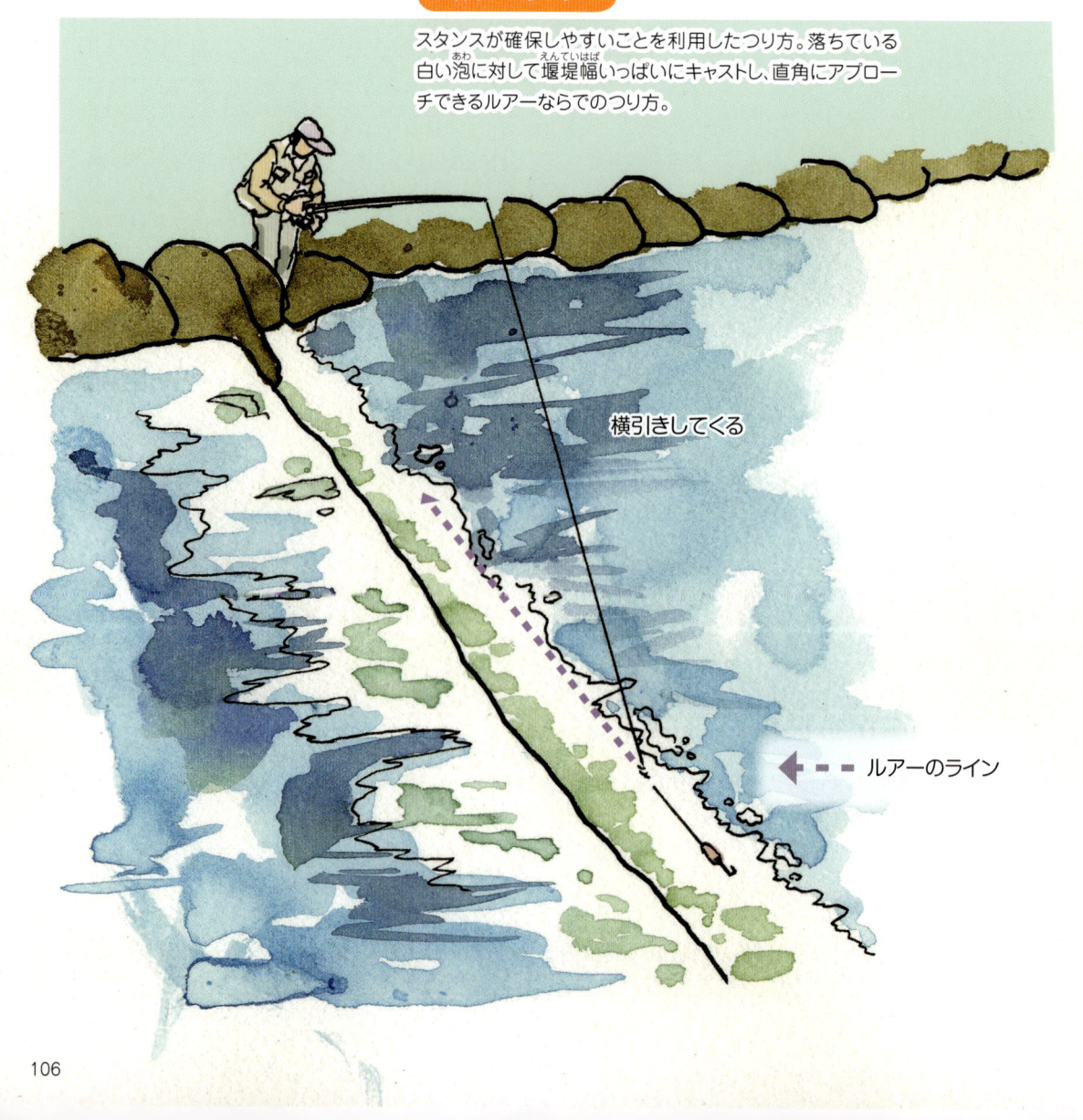

スタンスが確保しやすいことを利用したつり方。落ちている白い泡に対して堰堤幅いっぱいにキャストし、直角にアプローチできるルアーならでのつり方。

横引きしてくる

◀ーーー ルアーのライン

段々瀬

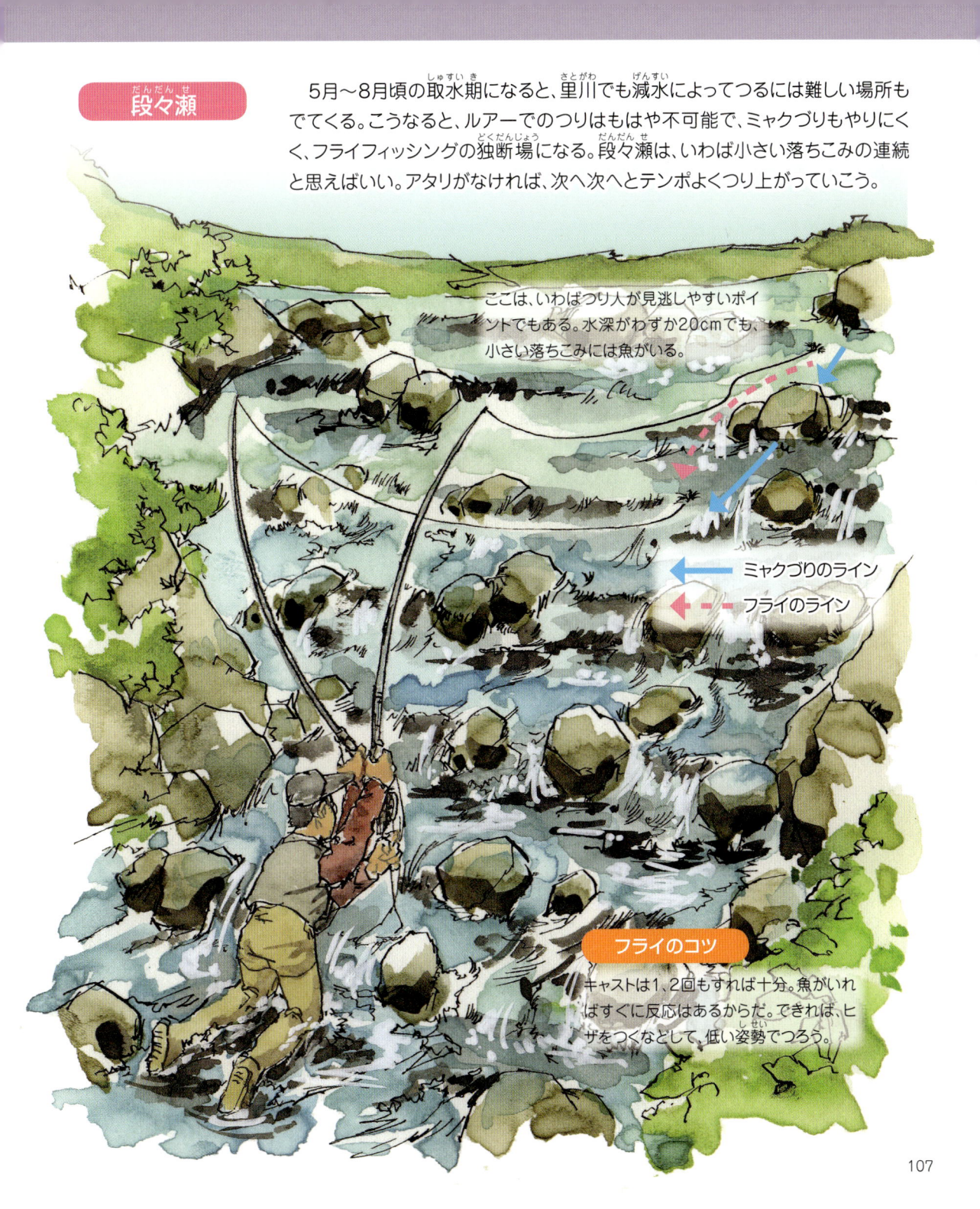

5月～8月頃の取水期になると、里川でも減水によってつるには難しい場所もでてくる。こうなると、ルアーでのつりはもはや不可能で、ミャクづりもやりにくく、フライフィッシングの独断場になる。段々瀬は、いわば小さい落ちこみの連続と思えばいい。アタリがなければ、次へ次へとテンポよくつり上がっていこう。

ここは、いわばつり人が見逃しやすいポイントでもある。水深がわずか20cmでも、小さい落ちこみには魚がいる。

→ ミャクづりのライン
--→ フライのライン

フライのコツ

キャストは1、2回もすれば十分。魚がいればすぐに反応はあるからだ。できれば、ヒザをつくなどして、低い姿勢でつろう。

PART5　いざ、里川へヤマメ・イワナに会いに行こう

平瀬（ひらせ）

　瀬には荒瀬やチャラ瀬、ガンガン瀬などといろいろあるが、つりにくいという点ではこの平瀬が一番かもしれない。
　おまけに里川での瀬の定番といえば、平瀬になるため始末は悪い。たいていのつり人はここを見向きもせず通過してしまうが、しかし魚が数多く定位するポイントでもあるのだ。

　ポイント探しのコツは、大きい視野で瀬を観察しないこと。本来、瀬とはいくつかのポイントの集合体（落ちこみ、カケアガリ、岩、瀬尻など）なので、そのひとつひとつをていねいに攻略していくことだ。

　日中何もなかった平瀬に、夕方に改めてきてみると、イワナのライズ（水面での捕食行動）が盛んになっていたりする。こんな数が今までどこにいたかと思うほどだ。

平瀬の断面図

このように見えている岩はわかりやすいポイント。できれば、沈んでいる水中の岩にも注意を向けよう。

ミャクづりのコツ

瀬が日中はあまりつれないとされるのは、水温の上昇が理由。つまり、解禁当初や曇りの日では、日中の瀬が一級ポイントになる。

岸側のカケアガリ：
注意してアプローチしよう

ルアーのコツ

少しでも変化のある場所、水深のある場所を探す。見つけたらそこを起点にスタンスを決める。

フライのコツ

110ページ参照

109

■フライのコツ

　一見フラットに見えても、平瀬の流れはドラッグがかかりやすい。

　理想は、ポイントの下流側からのアップクロスストリームキャストになるが、大岩がつらなるポイント周辺をねらうには、この角度からの攻略は難しい。以下の2つのテクニックは、難しいキャストを繰り返して場を荒らさないためのものである。

ロッドを高く保持する

スタンスはクロスストリーム。ロッドを高く保持することで、ラインを流れにのせずにすむ。一時的ではあるがドラッグを回避できる。岩がブラインドとなるからこそのテクニックだ。

岩を利用する

これは大胆にも岩のうえにフライラインをのせてしまうテクニック。とても簡単なうえ、ドラッグフリーの効果は絶大だ。スタンスは選ばないため、いろいろなポイントで応用できる。

※どちらも手前の流れを攻めてからにする。

■釣法によって変わるライン

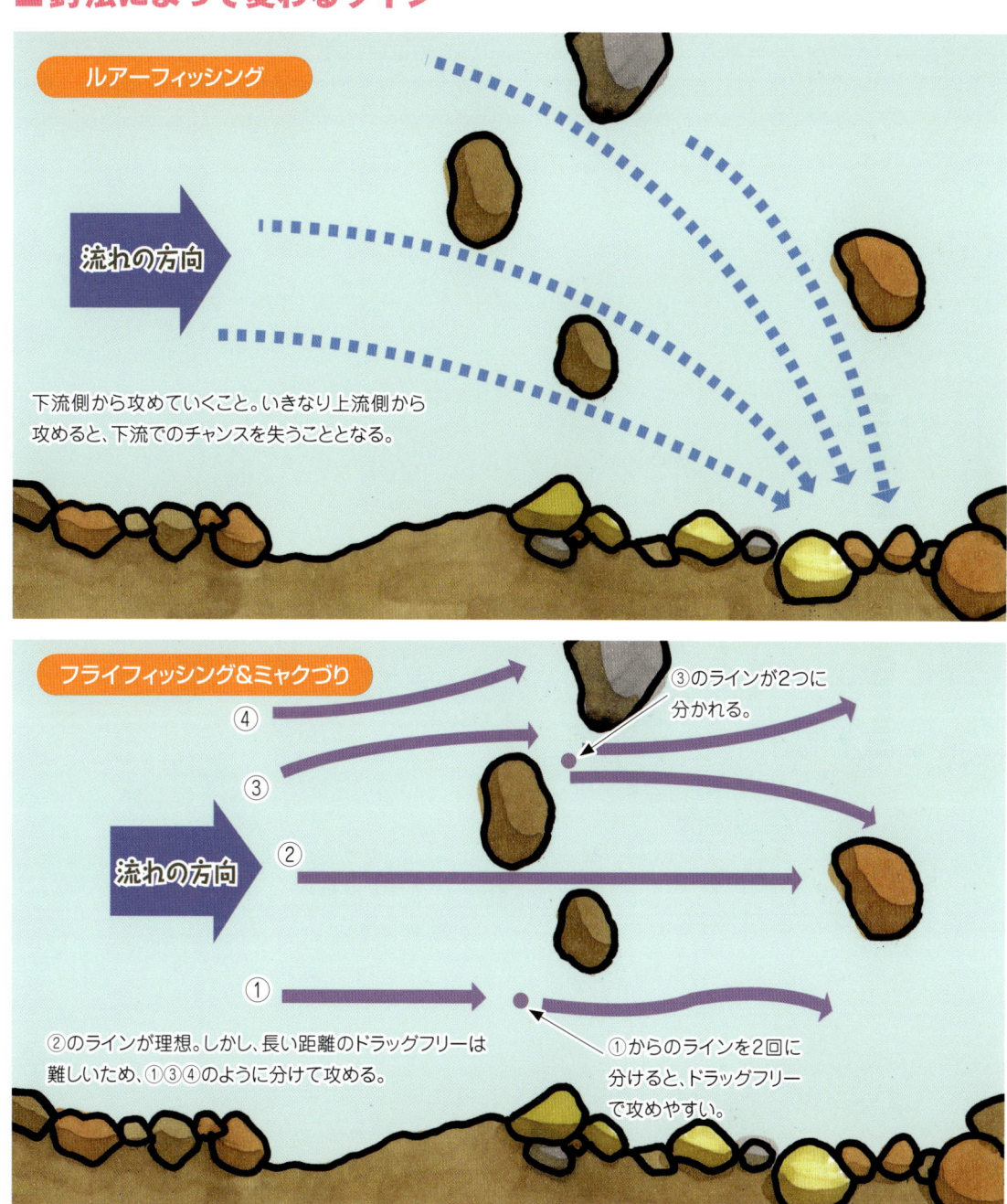

ルアーフィッシング

流れの方向

下流側から攻めていくこと。いきなり上流側から攻めると、下流でのチャンスを失うこととなる。

フライフィッシング&ミャクづり

流れの方向

④
③
②
①

③のラインが2つに分かれる。

①からのラインを2回に分けると、ドラッグフリーで攻めやすい。

②のラインが理想。しかし、長い距離のドラッグフリーは難しいため、①③④のように分けて攻める。

PART5　いざ、里川へヤマメ・イワナに会いに行こう

淵

　ここは魚たちにとって"休憩所"になる流れ。解禁当初、まだ動きの鈍い魚たちはこのゆるい流れに集まり、逆に盛期の高水温時でも水温の安定しやすい淵の深場が助けになる。休憩所というとポイントとはほど遠いイメージだが、ここには例外なく大物が潜んでいる。特定の条件が重なると水中から水面へと上がってくるが、ほぼ攻めるタナは水面下になるだろう。

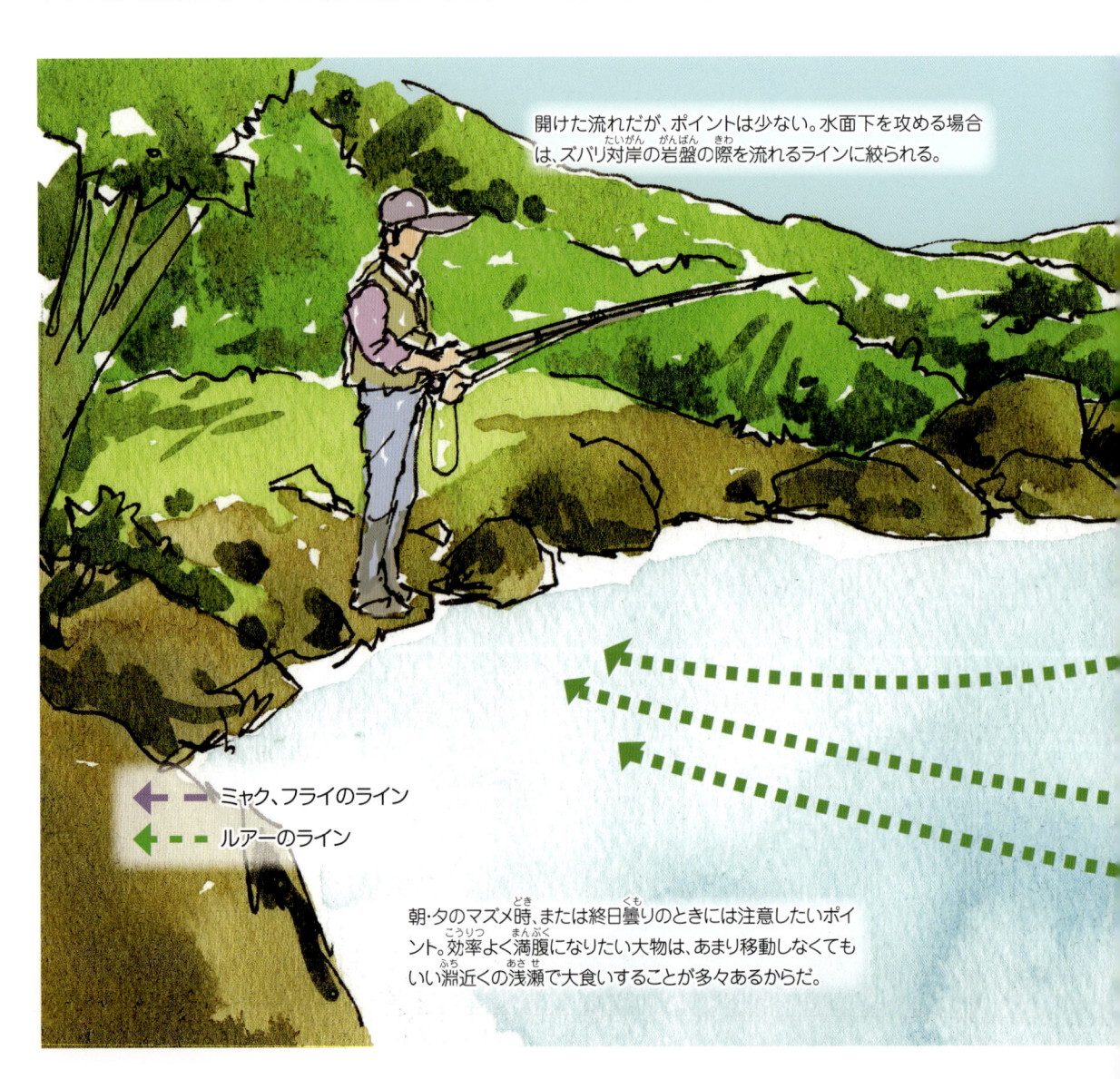

開けた流れだが、ポイントは少ない。水面下を攻める場合は、ズバリ対岸の岩盤の際を流れるラインに絞られる。

← ミャク、フライのライン
← ルアーのライン

朝・夕のマズメ時、または終日曇りのときには注意したいポイント。効率よく満腹になりたい大物は、あまり移動しなくてもいい淵近くの浅瀬で大食いすることが多々あるからだ。

淵の断面図

岩盤の際の流れが、淵にある底のエゴへとダイレクトにつながる。

ルアーのコツ

岩盤に当てるくらいの気持ちでギリギリにキャスト。ラインを張りながら底まで落としこんでいく。

ミャクづりのコツ

オモリを重くして、必ず底までエサを沈ませること。キジ（ミミズ）など大きめのエサが効果的。

フライのコツ

ニンフが定石だが、ウエットフライも効果的。ポイント近くであえてドラッグをかけ、ターンさせるようにして魚を誘う。

PART5　いざ、里川へヤマメ・イワナに会いに行こう

落ちこみ

　ひと言で落ちこみといっても、小さい段差を落ちるものから、滝の小型バージョンといったものまでいろいろなタイプがある。
　ここは溶存酸素量が豊富であることや、生存競争に勝つため、我先にエサを食べようとする魚が集まっている。つまり、ここに定位している魚は一様に活性が高いのである。

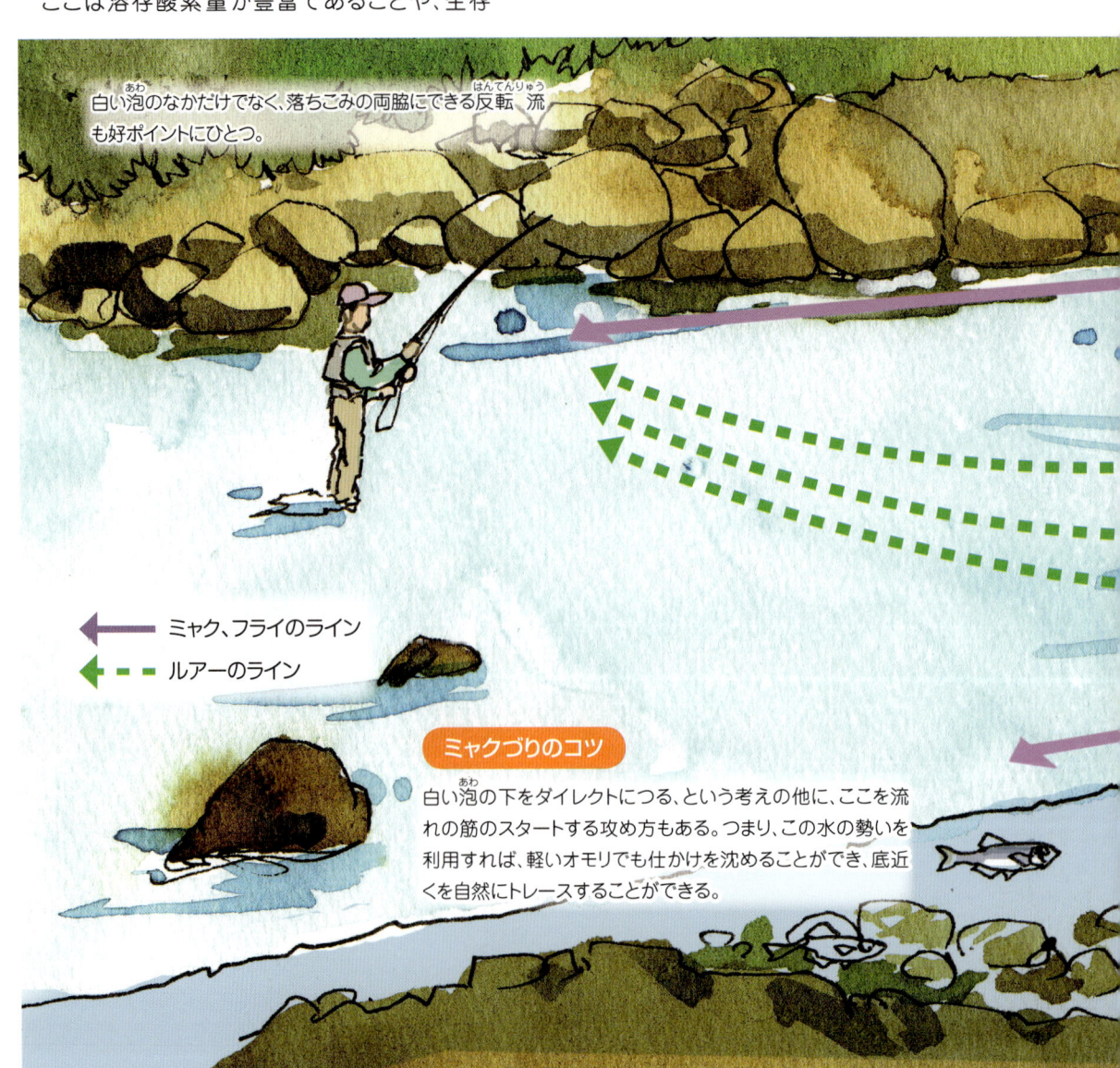

白い泡のなかだけでなく、落ちこみの両脇にできる反転流も好ポイントにひとつ。

← ミャク、フライのライン
←--- ルアーのライン

ミャクづりのコツ
白い泡の下をダイレクトにつる、という考えの他に、ここを流れの筋のスタートする攻め方もある。つまり、この水の勢いを利用すれば、軽いオモリでも仕かけを沈めることができ、底近くを自然にトレースすることができる。

落ちこみの断面図

魚は、落ちこむ流れの左右から、エサを捕食するために白い泡への移動を繰り返し続ける。

反転流

反転流

ルアーのコツ

ダウンクロスからキャストし、流れに対してカーブを描くようにトレースしてくる。スプーンだけでなく、ミノープラグを使ってもおもしろい。

フライのコツ

アップストリームから直接、反転流をねらってみるのもひとつの攻め方。当然、このときのスタンスは、十分攻略してから立ちこむようにすること。

■ヤマメとイワナの捕食パターン

　同じ渓流にすむ魚でも、ヤマメとイワナとでは捕食行動にかなりの違いがある。ヤマメのアタリはとても繊細で、口にしたものに何か違和感があると瞬時にはきだしてしまう。

　しかしその一方、とても大胆で勇猛果敢にエサを追う一面もある。イワナは、臆病な性格からか、エサを長い距離追うことはない。ただしとても貪欲で、一度口にしたものをはきだすことはなく、地方によっては置きザオにしてつるところがあるほどだ。

岩陰から飛び出すパターン
スレていない魚に多い。ヒットしやすい

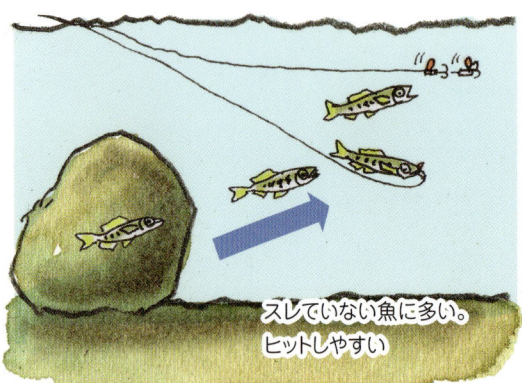

吟味するパターン①
近づいてくるが、決して口を使わない。

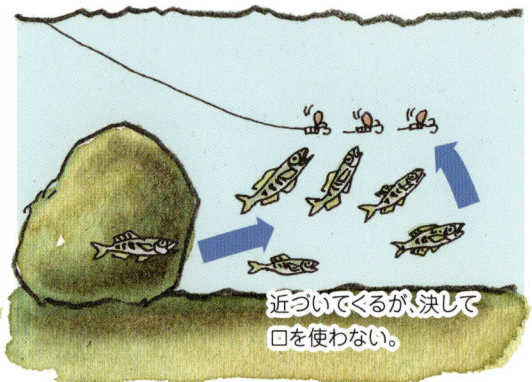

もといた場所に戻るパターン
ゆっくり浮上してくる。イワナに多い。

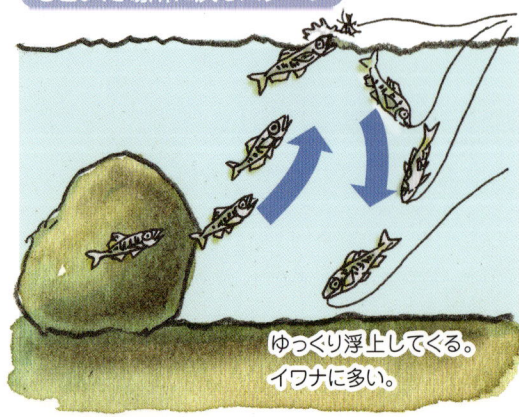

しばらく観察するタイプ
警戒しているが、違和感がなければ口を使う

急浮上、急潜行パターン

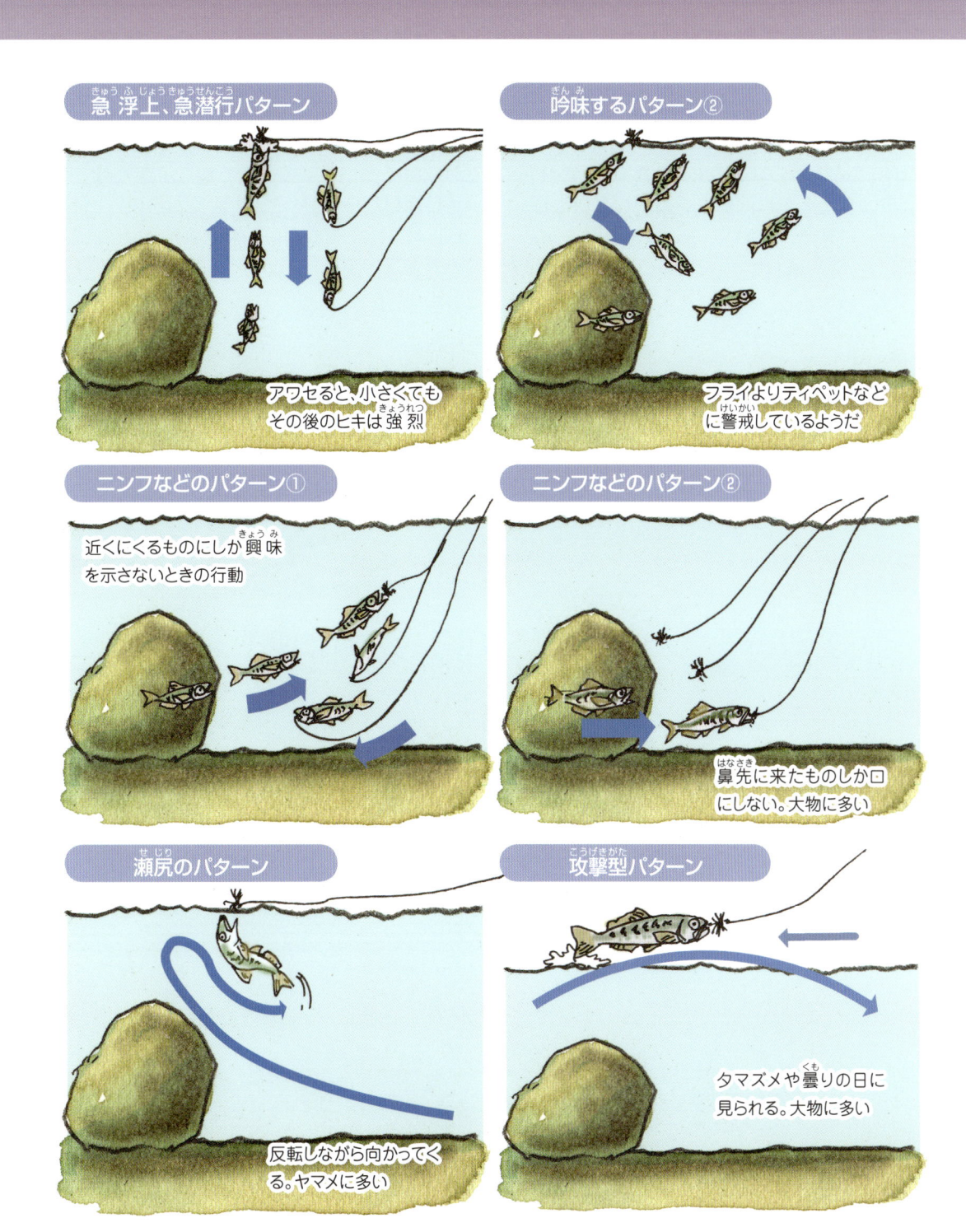

アワセると、小さくてもその後のヒキは強烈

吟味するパターン②

フライよりティペットなどに警戒しているようだ

ニンフなどのパターン①

近くにくるものにしか興味を示さないときの行動

ニンフなどのパターン②

鼻先に来たものしか口にしない。大物に多い

瀬尻のパターン

反転しながら向かってくる。ヤマメに多い

攻撃型パターン

タマヅメや曇りの日に見られる。大物に多い

PART5　いざ、里川へヤマメ・イワナに会いに行こう

■必ず出会う、大物をつるための㊙テクニック

　大物との出会いは、いつも唐突にやってくる。遡行中、ふと荒瀬のなかの大岩を見ると、岩の下でユラユラと大きな尾ビレを動かしていたり、そうかと思えば、落ちてくる枯葉をエサとかん違いして、底を離れて大きな巨体をあらわに見せつけたりもする。そんな彼らも、最初は成魚放流だった。成魚といっても体長はせいぜい15cmくらいである。それがここまで育つ間、もしかしたら一度や二度、人につられているかもしれない。大型化したヤマメやイワナは狡猾で猜疑心にあふれ、決して一筋縄ではいかない相手なのだ。

ルアーフィッシング　食い気を誘うためのテクニック **ルアーアクション**

①ダウンストリームから誘うアクション

今まで下流側からアップクロスでキャストしていたのに対し、これは上流側からのスタンスで大胆に攻める方法。魚の目の前でルアーを動かしてリアクションバイト（反射食い）を誘う。魚の視界に立つために、常に細心の注意を払っていないと成功しない。

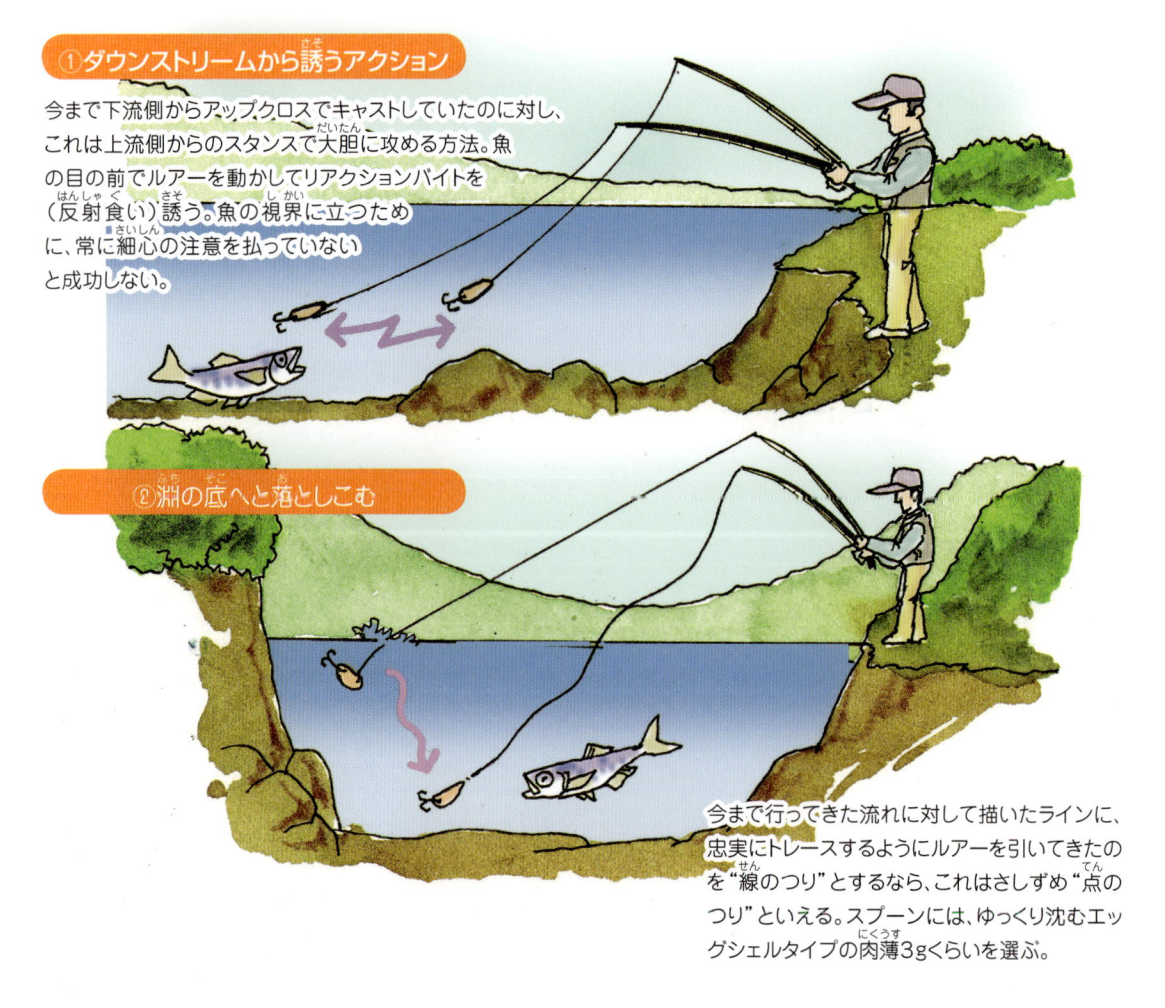

②淵の底へと落としこむ

今まで行ってきた流れに対して描いたラインに、忠実にトレースするようにルアーを引いてきたのを"線のつり"とするなら、これはさしずめ"点のつり"といえる。スプーンには、ゆっくり沈むエッグシェルタイプの肉薄3gくらいを選ぶ。

ルアーフィッシング

食い気を誘うためのテクニック
ルアーローテーション

基本ベース　ブラック　　　コパー　　　　ゴールド　　⇄ 基本
→ 応用

アワビまたはレインボー

派手なカラーリング　　シルバー

魚の活性（行動力）に合わせる
ルアーを追ってきているのにもかかわらず、最後の最後で口を使わず元の場所に戻ってしまう場合。

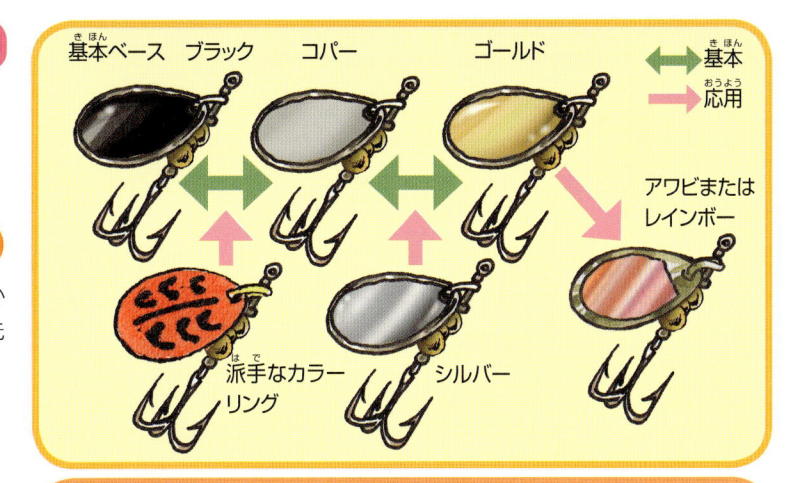

ポイントの状況に合わせる
天候や水質などのつり場全体の状況から判断して合わせていく。

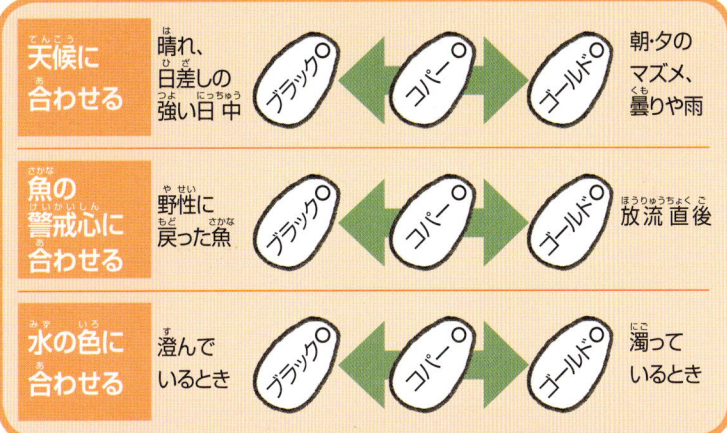

天候に合わせる	晴れ、日差しの強い日中	ブラック ⇄ コパー ⇄ ゴールド	朝・夕のマズメ、曇りや雨
魚の警戒心に合わせる	野性に戻った魚	ブラック ⇄ コパー ⇄ ゴールド	放流直後
水の色に合わせる	澄んでいるとき	ブラック ⇄ コパー ⇄ ゴールド	濁っているとき

さらにアピール度を強調する
ルアーをワンサイズ大きくしたり、ナチュラルなタイプからより派手なカラーやアクションのものに代える。

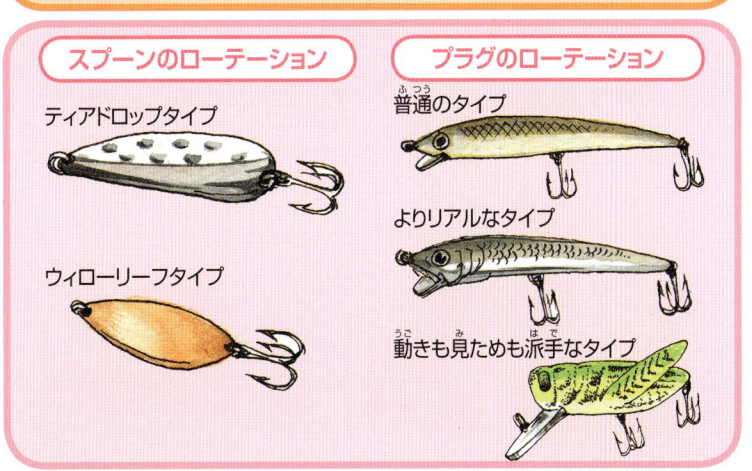

スプーンのローテーション
- ティアドロップタイプ
- ウィローリーフタイプ

プラグのローテーション
- 普通のタイプ
- よりリアルなタイプ
- 動きも見ためも派手なタイプ

PART5　いざ、里川へヤマメ・イワナに会いに行こう

フライフィッシング

枝沢をつる

　警戒心の増した大物は人の存在を極端にきらう。そのため、大物は人の気配がない場所を探して移動する。そのひとつが本流からの流れこみ、あるいは流れだしの"枝沢"である。ここはとてもつりにくく、つり人も敬遠しがちなために魚は本流ほどスレていない。

　エサでの提灯づり（極端に短い仕掛け）でもねらえるが、フライフィッシングでもより効率的なつりができる。テレストリアルパターンを、うっそうと茂る木の枝から落ちたかのようにキャスト。か細い流れから信じられないような大物のイワナが飛びだしてくるはずだ。

低い姿勢と低いループ作りを心がける。キャストの距離は極端に短い。失敗は許されないポイント。

やっかいなのが、キャストの妨げになるクモの巣。しかし同時に、その存在が手付かずのポイントであることの証しでもある。

ミャクづり

雨後の岸際

　解禁当初のまだ寒い時期を除けば、雨はつり人にとってまさに"恵みの雨"になる。増水によって川底にいたカワムシが流され、魚の活性が上がるためだ。

　流れはササ濁りで、急激な水温低下もなく、曇天ともなれば、今まで淵の底にいた大物も姿を現わして、活発にエサを追うようになる。

　しかし、これ以上雨が続き、流れや濁りが強くなると、多くのつり人はつりをあきらめがちになる。当然、その程度にもよるが、足場を確保しやすい里川では、まだまだチャンスタイムは続いているのだ。

ポイントは岸際の障害物周り。大型は、ここで強い流れをやり過ごしながら捕食行動を繰り返している。アシが生えていたり、護岸ブロックがあれば、必ず攻めてみよう。

長ザオで岸から離れてアプローチする。

エサはカワムシかキジ。アタリは躊躇なく、一気に引きこまれる。

※里川といっても、決して無理はしないこと。足場もなくなるような急な増水のときはつりをあきらめること。

PART5 いざ、里川へヤマメ・イワナに会いに行こう

ミャクづり、ルアー、フライ

通称"下がり"をつる

"下がり"とは、上流に管理つり場が常設されているその下流側のことである。ここには、大雨などの増水によって施設からが落ちてきたニジマスなどがそのまま定着する。落ちてきたばかりのマスは比較的つりやすいものの、厳しい流れのなかで育った大物となると、これが意外にてこずらされる。しかし、通常の里川と違って確かに魚影は濃いため、管理つり場の所在から下がりを探し、大物を求めてつり歩くのもおもしろいかもしれない。

上流部

管理つり場

大きッ!!

大物は堰堤にたまりやすい

■キャッチ&リリース＝放すこと。キャッチ&ストマック＝殺すこと

　殺すなんていうと、ドキっとしてしまうかもしれないが、食べることはすなわた殺すことであり、魚たちにとってはまさに命がけである。だからといって、キャッチ&リリースを強制することはできないし、魚を持ち帰る人を一方的に非難はできない。なぜなら入漁料をきちんと払っているのであれば、リリースが前提でなく、体長制限もされていなければ、つった魚を持ち帰るのは自由だからだ。

　しかし、もしリリースするのであれば、魚の生存率につながるように完璧なリリースを常に心がけたいものだ。ちなみに、その年につれた15cmの魚も、リリースすれば、翌年には20cmを越すまでに成長する。そして、パワーアップしたその存在は、またつり人を楽しませてくれるのだ。

リリースの仕方

上流側へ頭を向けるのは、酸素を含んだ新鮮な水を口からエラへと取りこみやすくするため。自力で泳ぎだすまで、やさしく魚体を支える。泳ぎだす前に放すと、魚は溺れてしまうので注意。

もしも、リリース前提ならフォーセップは必需品になる。これを使えば、必要以上に魚体に触ることなく、リリースができる。

危険な動植物たち

里川といっても、そこにはまだ自然が色濃く残っている。自然はいつどんなとき、人間にキバをむくかわからない。ちょっとでも雲ゆきがあやしくなれば、落雷や増水にともなう鉄砲水には早めに行動をとる必要がある。

また、危険な生物にも注意しなければならない。ただし危険とはいっても、たいはんはこちらから手をだすようなことをしなければ危害を加えられることもない。木々やヤブのなかを通りぬけるときは、慎重に行動しよう。

ニホンマムシ
全長40〜60cmの毒ヘビ。もしも噛まれたら、一刻も早く医療機関にて治療を受けること。

スズメバチ
アレルギー体質の人は特に注意。刺されたら、すみやかに病院に直行すること。

ヤマビル
体長2〜3cmだが伸び縮みする。人やほ乳類の血を吸う。近年、あちこちで増殖の報告があがっている。傷口を消毒し、病院に行くこと。

ドクガ
刺されてもこすらずに、粘着テープなどで毒毛を除去すること。病院に行くこと。

ウルシ
皮ふが強烈にかぶれる。治すには医師の診断を受けるしかない。

アブ
刺されない予防が大切。防虫スプレーは必需品だ。

つり用語集

【あ行】

あおる　エサを動かし魚を誘うため、サオを上下させる動作。

あくしょん[アクション]　ルアーやフライを動かすこと。また、ロッドの曲がり具合を示す意味もある。

あご[アゴ]　逆向きに鋭い突起が出ているハリ先の部分。エサが取れるのを防いだり、ハリ先にかかった魚がはずれないようにする。カエシともいう。

あたり[アタリ]　魚がエサに食いついたときのウキ、糸、サオに現れる反応。魚信。

あぷろーち[アプローチ]　ポイントへの近づき方や、フライなどの流すときにも使われる。

あわせ[アワセ]　アタリが合った魚の口に、サオを上げてハリをかけること。

いとふけ[糸フケ]　道糸が風などをうけて必要以上に出ること。フケをとるなどという。

いぶにんぐ[イブニング]　タマズメのこと。夕方は水生昆虫の羽化が集中するため、一日のなかで、まさにゴールデンタイムと化す。

いれぐい[入れ食い]　非常によくつれる状態をいう。

ういんどのっと[ウインドノット]　フライキャストのときに起きるトラブルのひとつ。リーダーに結び目ができてしまう。

うえーでぃんぐ[ウエーディング]　水中に立ちこんでつること。

うかす　ハリにかかった魚を水面に浮かせること。

うちこみ[打ち込み]　自分のねらったポイントにエサを投入すること。とくに、ヘラブナつりでは「打ち込む」ことによって、「寄せエ」の効果を上げるため、「寄せエ」の意味も含む。

えだはりす[枝ハリス]　幹糸(モトス)から木の枝のように出ている糸。

おち[落ち]　越冬のため魚が深みに移動すること。

おちこみ[落ち込み]　流れてきた水が、段階状に小さい滝となるときその下にできる深み。

【か行】

かうんとだうん[カウントダウン]　ルアーやフライでねらう水深まで、数を数えて沈ませること。

かえし[カエシ]　→アゴ

かけあがり[カケアガリ]　深いところから浅いところに向かう斜面。魚が集まりやすいポイントの1つ。

からあわせ[カラ合わせ]　アタリはないがサオを上げて合わせてみること。魚を誘う効果がある。

ぎじえ[疑似餌]　エサに似せて作られたルアーや毛バリのこと。[擬餌バリ]

きゃっち・あんど・りりーす[キャッチ・アンド・リリース]　つった魚をやさしくにがしてあげること。

きく[聞く]　アタリやアタリらしいものがあったとき、サオを上げてたしかめること。

くい[食い]　魚がエサを食うこと。

ぐりっぷ[グリップ]　サオの握り部。またはその握り方。

けしこみ[消し込み]　勢いのよいアタリで、ウキが水中に没してしまうこと。

げどう[外道]　おもに目的の魚以外の魚を指す。

こづく[小突く]　サオの操作によって、オモリで底を小さくたたいて、魚を誘う動作。

ごぼうぬき[ゴボウ抜き]　ごぼうを抜くようにつった魚を水中から一気に上げること。

こんでぃしょん[コンディション]　つり場の魚の状態を示す言葉。

【さ行】

さおじり[サオ尻]　サオの根元。

さきおもり[先オモリ]　仕かけの先端にオモリがついていること。ミャクづり、枝バリ仕かけなどに用いる。

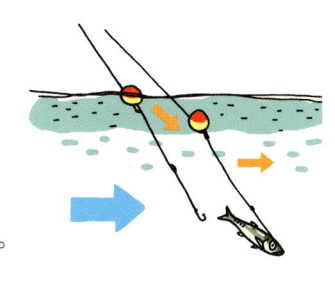

ささにごり[ササにごり]　雨のあと、増水して川がうっすらとにごった状態。
さそう[誘う]　エサを動かして魚の気をひく。
ざらせ[ザラ瀬]　流れがゆるい瀬で、底が小石でおおわれているところ。
しゃくり[シャクリ]　魚を誘う動作で、サオをあおってエサをおどらせる。
しゅーと[シュート]　フライ用語。ポイントに投げ入れるキャストの最後の動作。
すたんす[スタンス]　ポイントに対しての立ち位置。また、ドライフライの浮き姿勢。
すとりーむ[ストリーム]　川。または流れの意味。
すれ[スレ]　つり人の多さによって、魚が仕かけや擬似エサを学習して、つれにくくなること。また、口以外の場所にハリが刺さること。
せがしら[瀬がしら]　ゆるい流れが波立って瀬になりだすところ。
せじり[瀬じり]　瀬が静まってよどみや淵になるところ。
そこをきる[底を切る]　底からエサを離すこと。

【た行】
たっくる[タックル]　つり具全体の総称。
たな[タナ]　魚の泳層。ヘラブナなどは季節や天候によって変わる。
ためる[タメる]　サオを立てて魚の動きに合わせて、サオの弾力と魚の引く力のバランスをとりながら魚の弱るのを待つ。
ちょんがけ[チョンガケ]　エサをハリに少しだけ引っかける。
ちんしょう[沈床]　石やブロックなどを川岸の床に沈めたもの。
てぃぺっと[ティペット]　リーダーの先端部。または、リーダーの先に継ぎ足すイト。
てじり[手尻]　サオの長さより仕かけが長いとき、その出た仕かけの部分。
てれすとりある[テレストリアル]　アリや甲虫などの陸生昆虫のこと。
てんしょん[テンション]　ラインやリーダーに、何らかの抵抗がかかること。
どらっぐ[ドラッグ]　流れにラインやリーダーが押されて、フライが不自然な動きをしてしまうこと。
どりふと[ドリフト]　流すということ。自然に流すことをナチュラルドリフトという。
とろば[トロ場]　トロともいう。静かな淵、よどみで水通しのよいところ。

【な行】
なろーるーぷ[ナロープ]　魚を誘うフライキャストのときできる幅の狭いループのこと。
ぬいざし[縫い刺し]　エサを縫うようにハリに何度も通して刺す。とくにミミズなどをつけるとき。
ねいてぃぶ[ネイティブ]　自然界で生まれ育ったものを差す言葉。
ねんなし[年なし]　大物で年数がわからない魚。トシナシともいう。
のうかん[納竿]　つりが終わってサオをおさめること。シーズン最後のつりの意もある。
のっと[ノット]　結び目のこと

【は行】
ばあれ[場荒れ]　つり手が多くつり場の魚が少なくなったり、魚がおびえて食わなくなったりすること。
ぱいろっとふらい[パイロットフライ]　つり場のその日の状況を探るときに使う、つり人がよくつれて信頼しているフライのこと。
ぱたーん[パターン]　つり方やフライを分類するときの言葉。
ばっくうぉーたー[バックウォーター]　湖沼や本流に別から流れこんでいる所。
はっち[ハッチ]　水生昆虫などが羽化すること。

はやあわせ［早アワセ］　アタリの瞬間に、素早く合わせること。

ばらす［バラス］　いったん、ハリにかけた魚を取り込まないうちに、逃げられること。

ぴっくあっぷ［ピックアップ］　キャストのために水中や水面にあるラインを空中へ跳ね出すこと。

ふぁいと［ファイト］　ハリにかかった魚と取りこみまでの攻防のこと。

ふぃーでぃんぐ［フィーディング］　エサを食べるという意味で、フィーディングレーン（捕食する流れの筋）、フィーディングモード（捕食行動）といった使い方をする。

ぷーる［プール］　水がゆっくり流れている深場。淵やトロ場のこと。

ふところ［フトコロ］　岩の間や曲がり角にできる小規模なよどみ。ポケット。ツリバリの曲がっている内側空間も「フトコロ」という。

ふらったりんぐ［フラッタリング］　魚を誘う動作水生昆虫が水面を飛び交う様子。また、それをフライで演出すること。

ふりだしざお［振り出しザオ］　スライド式に伸びていくタイプのサオ。

ぷれぜんてーしょん［プレゼンテーション］　ポイントにフライを投げ入れること。シュートよりも繊細さが要求されるときに使う。

へち［ヘチ］　池や川の岸ぎわ。

ほうず［坊主］　「魚のケもない」にかけて、釣果のまったくないこと。魚が1匹も釣れないこと。

【ま行】

まずめ［マズメ］　魚が良くエサを食べる時間帯。日没前を夕マズメ、早朝を朝マズメという。

まっちざはっち［マッチザハッチ］　羽化している水生昆虫に似ているフライを使うこと。

みづり［見づり］　魚がハリのエサを食うのを見ながらアワセること。

みのー［ミノー］　小魚のこと。またはマスなどのエサとなる小魚を指す。

むこうあわせ［向こうアワセ］　魚のほうから逃げて、自らハリにかかってしまうこと。

もじり［モジリ］　水面に魚の動きでできる波紋。

もちこむ［持ち込む］　魚が強く引いて、サオ先を水中に引きこむこと。

【や行】

やびき［矢引き］　矢を引くときの姿勢で左右の手の間隔を基準とする。約90cm。

やぶさわ［ヤブ沢］　両岸にアシなどの植物が密生している小さい川。

ゆきしろ［雪代］　早春、雪がとけて谷川が増水状態になること。「雪代が出る」などという。

よどみ　水流がないように見える深場。

よりば［寄り場］　魚が1か所に集まる場所。水温の低いときなど、湧水や底近くの条件のよいところに寄り集まる。

【ら行】

るあー［ルアー］　疑似エサ、擬餌バリのこと。種類がとても多い。

らいず［ライズ］　水面に浮くエサに対する魚の捕食行動。

らんでぃんぐ［ランディング］　魚を取りこむときの一連の行為。

りあくしょんばいと［リアクションバイト］　急に視界へ入ったルアーに、反射的に食いつくこと。

りーりんぐ［リーリング］　リールを巻いてラインを回収すること。［リトリーブ］

りゅうしん［流心］　流れの中心部。

ろっどあくしょん［ロッドアクション］　ロッドの性質のこと。硬さを示すパワーアクションと、しなり具合を示すテーパーアクションがある。

【わ行】

わんど［ワンド］　入江のこと。

監修：上田　歩（うえだ　あゆむ）

1966年（昭和41年）東京生まれ。東京農業大学卒
フリーランス・フィッシングライター。小学生時代に友人からもらったライギョを飼育したことがきっかけで魚に興味を覚え、その後、クレイジークローラーというルアーの存在からブラックバスを知ったオタクな飼育少年は、その魚に魅せられ、やがてはルアーフィッシングに夢中になる。また、学生時代から始めたフライフィッシングでは、特に北海道での釣りが今でも珠玉の記憶として残る。大学卒業後、3年間のブランクをおいてフリーのライターに。単行本やムック、雑誌等で執筆を行う。現在では、ルアー、フライ・フィッシングをライフスタイルの中心におき、"釣れる釣り"を展開中。主な著書や連載物に『超かんたん！家族・親子つり入門』土屋書店　『川釣り』、『釣り大事典』・小学館　『フライフィッシング完全マスター』・青春出版社　『初めての川釣り』・海悠出版　『どーんと釣る』共同通信社など、ほかにも雑誌等で執筆。本人は決してルアーを疑似餌と解釈せずに"誘惑物"と捉えている。

- ■監修　　　　　　　上田　歩
- ■カバーデザイン　　玉川布美子
- ■アートディレクション　秋葉勇人デザイン室
- ■本文デザイン・DTP　温水久夫（PACE Design Office）
- ■イラスト　　　　　佐藤敏己　角　愼作　もりなをこ
- ■構成　　　　　　　ビーアンドエス

初心者でも超わかる！
渓流づりの教科書

監　修　上田　歩
編　集　土屋書店編集部
発行者　田仲豊徳
印刷・製本　日経印刷

発行所　株式会社滋慶出版／土屋書店
東京都渋谷区神宮前3-42-11
TEL.03-5775-4471
FAX.03-3479-2737
E-mail:shop@tuchiyago.co.jp

©Jikei Shuppan Printed in Japan　http://tuchiyago.co.jp

落丁・乱丁は当社にてお取替えいたします。
許可なく転載・複製することを禁じます。
この本に関するお問い合わせは、上記のFAXかメールまで（書名・氏名・連絡先をご記入の上）お送りください。電話によるご質問はご遠慮ください。また、内容については本書の正誤に関するお問い合わせのみとさせていただきますので、ご了承ください。